ÂNCORA *da* ALMA

ÂNCORA *da* ALMA

Desfrute de um relacionamento pessoal e profundo com Deus

RAY PRITCHARD

Título original: *An Anchor for the Soul: Help for the Present, Hope for the Future*

© 2000, 2011 de Ray Pritchard

Publicado originariamente por Moody Publishers, Chicago, Illinois, EUA.

1ª edição: junho de 2023

TRADUÇÃO
Ana Paula Argentino

REVISÃO
Bruna Gomes (copidesque)
Francine Torres (provas)

PROJETO GRÁFICO E DIAGRAMAÇÃO
Aldair Dutra de Assis

CAPA
Julio Carvalho

EDITOR
Aldo Menezes

COORDENADOR DE PRODUÇÃO
Mauro Terrengui

IMPRESSÃO E ACABAMENTO
Imprensa da Fé

As opiniões, as interpretações e os conceitos emitidos nesta obra são de responsabilidade do autor e não refletem necessariamente o ponto de vista da Hagnos.

Todos os direitos desta edição reservados à
EDITORA HAGNOS LTDA.
Rua Geraldo Flausino Gomes, 42, conj. 41
CEP 04575-060 — São Paulo, SP
Tel.: (11) 5990-3308

E-mail: hagnos@hagnos.com.br
Home page: www.hagnos.com.br

Editora associada à:

Dados Internacionais de Catalogação na Publicação (CIP)
(Angélica Ilacqua CRB-8/7057)

Pritchard, Ray

Âncora da alma: desfrute de um relacionamento pessoal e profundo com Deus / Ray Pritchard ; tradução de Ana Paula Argentino. — São Paulo: Hagnos, 2023.

ISBN 978-85-7742-425-2
Título original: An Anchor for the Soul: Help for the Present, Hope for the Future

1. Teologia - Doutrina   I. Título   II. Argentino, Ana Paula

23-3358   CDD 230

Índices para catálogo sistemático:
1. Teologia   230

Em memória de

Gary Olson.

Ele amava contar histórias.

Como são belos nos montes os pés daqueles que anunciam boas-novas, que proclamam a paz, que trazem boas notícias.
Isaías 52:7

Sumário

Endossos 9
Agradecimentos 11
Introdução 13

1. Um lugar para começar 23
2. A verdade a seu respeito. 41
3. Maravilhosa graça 63
4. Um homem chamado Jesus 81
5. Está consumado 97
6. A grande troca. 113
7. O que é a fé para a salvação? 129
8. Vindo para Cristo 145
9. Os primeiros passos em uma nova direção 165

Um plano de sete dias para o crescimento espiritual. 183
Sobre o autor. 185

Endossos

O evangelho são as boas-novas em um mundo de más notícias. E o que é o evangelho? Ray Pritchard responde a essa pergunta de modo que não apenas define o evangelho, mas que também leva o leitor a se alegrar nele.
 Dr. Joseph M. Stoawell
 Presidente da Cornerstone University

Com grande clareza, Dr. Pritchard explica as verdades supremas, sublimes, do universo e do grande plano de Deus. Elas são absolutamente irrefutáveis e transformadoras.
 Bill Bright
 Fundador do *campus* Crusade for Christ International

Um resumo maravilhoso do que é a fé cristã. Ray Pritchard apresenta o evangelho de Jesus Cristo não como uma ideia a ser estudada, mas como uma mensagem urgente a ser recebida e aceita. É um relato cativante do amor do Salvador.
Timothy George
Reitor da Beeson Divinity School

Simples e direto ao ponto, claro e conciso. Este livro elimina qualquer confusão e mostra do que se trata o evangelho de Jesus Cristo. É de fácil leitura, mas também é profundo!
Joni Eareckson Tada
Escritor e artista

Agradecimentos

Tenho uma dívida de gratidão com vários amigos que leram o manuscrito e fizeram muitos comentários úteis.

Na primeira edição (2000): John Armstrong, Brian Bill, Jeff Eaton, Rob Gaskill, Seth Grotelueschen, Chris Jahns, Lisa King, Dale Stoffer.

Na segunda edição (2011): Jessica Harris, Don Johnson, Skip Olson, Tim Plona, Adrienne Urbanski.

Introdução

"Uma vez que chegamos ao fundo do poço, só podemos olhar para cima." Essa frase sábia veio de um prisioneiro na Pensilvânia. Ler este livro mudou sua vida, e ele quis que eu soubesse disso. Aqui está a história dele:

Caro Ray Pritchard,

Oi, tudo bem? Espero que sim. Acabei de ler seu livro, *Âncora da alma*. Estou escrevendo para contar a você que ler o seu livro foi um acidente do Senhor. Foi a melhor coisa que já me aconteceu na vida. Graças a você, eu encontrei Deus. Eu me envolvi em uma briga e acabei na solitária. Então, estava trocando minhas bandejas de comida por envelopes (um tipo de dinheiro da prisão) e acabei trocando uma delas por um livro. É algo que aproveitamos para fazer porque não temos permissão para sair da cela. Quando recebi o livro, olhei para ele e pensei: "Ah, um livro religioso, fui enganado". Pois eu nunca acreditei em Deus.

Decidi ler o primeiro pedacinho para ver se eu ia gostar; depois que li a primeira oração e tudo o que estava escrito antes dela, aquilo tudo me tocou de tal forma que eu devorei o livro inteiro. Você abordou todos os aspectos que já ponderei um dia. Graças a você, eu encontrei Deus. E você tem razão, uma vez que chegamos ao fundo do poço, só podemos olhar para cima.

Graças ao seu livro e meu encontro acidental com ele, tenho uma perspectiva diferente da vida. Meu encontro com Deus aconteceu dia 22 de setembro de 2007. Acho que vou tatuar essa data no meu braço.

O homem que escreveu essa carta veio a Cristo através de um "acidente do Senhor". Eu amo quando os novos convertidos tratam dos assuntos sem usar o vocabulário do povo que esteve na igreja há anos. Eles dão glória a Deus pela salvação com suas próprias palavras.

INTRODUÇÃO 15

Também amo o fato de que ele não estava tão empolgado quando "trocou sua bandeja de comida e terminou com um livro que o fez se sentir enganado". Ele não é a primeira pessoa a se sentir enganada pela religião. No entanto, estou feliz por ele ter começado esta leitura, porque isso acabou transformando sua vida.

Quando escrevi a primeira edição desta obra dez anos atrás, não fazia ideia de como Deus iria usá-la. Desde então, mais de um milhão de exemplares foram vendidos, e temos recebido milhares de mensagens de leitores. Muitos escreveram para dizer que Deus usou este livro para guiá-los a um relacionamento pessoal com Jesus Cristo. Talvez isso aconteça com você enquanto lê esta nova edição.

Tudo neste livro está baseado em dois fatos. Primeiro, você foi criado para conhecer Deus e não pode nem vai se sentir verdadeiramente satisfeito até ter um encontro pessoal com o Senhor. Segundo, a Bíblia nos diz como podemos conhecer Deus pessoalmente. Ela não nos diz tudo o que poderíamos saber a respeito de cada assunto, mas nos diz tudo o que precisamos saber para estarmos alinhados com Deus. Isso só faz sentido porque o Deus que nos criou nos conhece melhor do que nós mesmos. E precisamos ouvir o que Ele tem a dizer. Se você está imaginando o porquê do título deste livro, ele vem de Hebreus 6:19 — "Temos essa esperança como âncora da alma, firme e segura". Quando as ondas da vida ameaçarem nos afundar, precisamos de uma âncora capaz de resistir à tempestade mais forte.

Deixe-me ir direto ao ponto e dizer que este livro será útil seja lá onde você possa estar em sua jornada espiritual. Quando se trata de conhecer Deus, estamos todos em lugares diferentes. Alguns são os que buscam, outros são os que duvidam, alguns são céticos e outros sabem pouquíssimo sobre a fé cristã. Há, ainda, outros que cresceram dentro da igreja, mas se desviaram anos atrás.

Se você deseja conhecer Deus, isso é tudo o que importa. Você pode se considerar uma pessoa religiosa, ou pode denominar-se ateu. Seja o que for, está tudo bem. Muitas pessoas têm demonstrado um profundo interesse em questões espirituais, ainda que não façam parte de qualquer organização religiosa. Se esse é o seu caso, espero que leia este livro atentamente, pois o escrevi para ajudar você a encontrar um relacionamento pessoal com Deus.

Imagino que você deva ter algumas perguntas. Eu realmente espero que as tenha, porque perguntas francas merecem boas respostas. Aqui estão alguns questionamentos que você pode ter:

- Como Deus é?
- Como posso conhecê-lo?
- Eu sou realmente um pecador?
- Como meus pecados podem ser perdoados?

INTRODUÇÃO

- Quem é Jesus e o que Ele fez?
- O que significa ser cristão?
- Como posso estar em paz com Deus?
- Como posso ter certeza de que vou para o céu?

Talvez você esteja um pouco cético sobre o conceito total de conhecer Deus. Talvez tenha sido excluído de uma religião, ou por certos cristãos cujos atos não combinam com o que dizem crer. Embora eu francamente admita que os cristãos às vezes podem ser a pior propaganda da fé deles, espero que você leia este livro com a mente aberta.

Não acredito em tentar discutir com as pessoas sobre fé cristã. Se você não está disposto a crer em Jesus, nada neste livro irá convencê-lo a mudar de ideia. A Bíblia diz: "Ninguém pode vir a mim se o Pai, que me enviou, não o atrair" (João 6:44). Então, se você é um incrédulo, não se preocupe; você não será convertido contra sua vontade ao ler este livro.

Por outro lado, a leitura desta obra pode mudar a sua vida. Se o evangelho é verdadeiramente as boas-novas de Deus, então não deveríamos ficar surpresos se nossa vida for radicalmente transformada à medida que conhecemos a Deus pessoalmente através do Senhor Jesus Cristo.

Estou me adiantando um pouco. Tudo o que sabemos até agora é que este livro contém as boas-novas que vêm de Deus, conforme reveladas na Bíblia. Sobre o restante da história, você terá de ler cada capítulo, devagar, e ponderar o que é dito. Antes de começarmos, gostaria de sugerir uma simples oração em busca de orientação espiritual. Encorajo você a ler essa oração pausadamente, frase por frase. Se ela expressar o desejo do seu coração, ore silenciosamente a Deus.

> *Oh, Deus, quero conhecer-te. Se estás realmente aqui, por favor, revela-te a mim. Mostra-me a verdade ao meu respeito. Abre os meus olhos e coloca fé em meu coração. Dá-me o dom de ter uma mente aberta para receber tua verdade. Fala comigo através desta leitura, para que eu possa conhecer a ti. Permite que minhas perguntas mais profundas sejam respondidas com a tua verdade. Ajuda-me a buscar-te de todo o coração. E que eu te encontre e fique satisfeito com o que encontrar. Amém.*

Você não devia ter medo de fazer essa oração porque Deus jamais dá as costas para quem o busca. Se buscar o Senhor de todo o coração, você o encontrará. Talvez seja interessante escrever as iniciais do seu nome e a data de hoje naquela oração, caso ela expresse o desejo do seu coração.

Eu o encorajo a não apressar a leitura deste livro. Incluí perguntas ao final de cada capítulo para ajudar você a se aprofundar nas temáticas abordadas. Você ganhará bem mais se tirar um tempo para refletir nessas questões e registrar suas respostas por escrito. Também encontrará grande valor em procurar os vários versículos da Bíblia, um por um. Deus nos convida a buscá-lo de todo nosso coração. Conforme você corresponde ao que aprende, o Espírito Santo estará operando em você. Portanto, não se surpreenda se você terminar a leitura deste livro como uma pessoa diferente de quando começou.

Agora é hora de começar. O primeiro passo em conhecer Deus é descobrir quem Ele realmente é.

Antes de começar...

Quais perguntas você gostaria que fossem respondidas ao ler este livro? Onde você está em sua jornada espiritual neste exato momento?

CAPÍTULO 1

Um lugar para começar

Vamos supor que eu peça a você para definir Deus em vinte palavras ou menos e que eu lhe dê trinta segundos para pensar na resposta. O que você diria? Conseguiria defini-lo ou parece complicado? Vamos supor, então, que eu dê a você a meta de 200 mil palavras e o prazo de trinta anos. Seria mais fácil assim? Será que, dessa forma, você chegaria perto da verdade?

Já que Deus é a fonte máxima de toda a realidade, não podemos de fato "defini-lo". No entanto, podemos dizer o seguinte: *Conhecer Deus é o que há de mais importante na vida.* Se você viver trinta, ou quarenta, ou cinquenta, ou sessenta, ou setenta, ou oitenta anos e não tiver conhecido

Deus, então não importa o que tenha feito com a sua vida. Se não conhecermos o Senhor, não seremos capazes de entender a razão de nossa existência. Quando colocamos Deus no centro de todas as coisas, todo o resto se encaixa. "O temor do Senhor é o princípio da sabedoria, e o conhecimento do Santo é entendimento" (Provérbios 9:10). Se você quer sabedoria, conheça Deus! Se quer conhecimento, busque ao Senhor!

Se perder a oportunidade de conhecer Deus, você perderá a realidade central do universo. Se comparado a conhecer aquele que criou você, o resto é apenas migalhas e sobras na beirada da mesa.

Nossa necessidade de conhecer o Deus que nos criou

Fomos criados para conhecer Deus, e algo dentro de cada um de nós quer desesperadamente conhecê-lo. Somos irremediavelmente religiosos por natureza. É por isso que cada sociedade — não importa quão primitiva ela seja — possui certo conceito de um poder superior, alguma visão da realidade que transcende o natural. Por um lado, isso explica o porquê de a ciência ainda não ter eliminado a religião do planeta Terra. Ela jamais conseguirá isso porque as descobertas tecnológicas não suprem as necessidades mais profundas do coração humano.

Queremos saber as respostas das três perguntas mais básicas da vida: De onde eu vim? Por que estou aqui? Para onde vou? E vamos gastar dinheiro, comprar livros, assistir a vídeos, frequentar seminários, pesquisar na Internet e viajar longas distâncias na busca por respostas. Um livro que relata a experiência de quase morte de uma mulher que visitou o céu atingiu o topo da lista dos mais vendidos. Até existem programas de TV apresentando médiuns que dizem ser capazes de entrar em contato com os mortos. As pessoas estão famintas pela verdade espiritual e vão procurar qualquer um, ou qualquer coisa, que puder lhes dar uma resposta.

O mesmo acontece em cada país e em cada cultura. Aparentemente somos bem diferentes em nossa fisionomia, histórico, idioma e costumes, mas cave um pouco mais fundo e descubra que, basicamente, somos todos iguais. Olhe embaixo da superfície e veja que não há nenhuma diferença significativa entre um indivíduo nascido na pobreza no Haiti e um advogado corporativo na Wall Street; ou entre um professor em Adis Abeba, Etiópia, e um cientista da computação em Cingapura. Em qualquer lugar, somos os mesmos — com os mesmos anseios, arrependimentos, sonhos e esperanças; a mesma necessidade de amar e sermos amados; o mesmo desejo de sermos lembrados após a morte; e a mesma lógica de que deve existir um Deus de algum tipo que nos criou.

Fomos criados para conhecer o Senhor e precisamos conhecê-lo. Ele nos criou para que desejássemos isso — e garantiu que não seríamos felizes a menos que Ele mesmo preenchesse nosso vazio. Isso nos remete a uma famosa frase que diz que "há um vazio no formato de Deus no coração de todo homem". Podemos buscar a Deus e preencher esse vazio, ou podemos tentar fazer isso com ídolos criados por mãos humanas ou com os espíritos malignos dos nossos ancestrais. Algo em nosso interior nos impulsiona a buscar o significado absoluto. Esse "algo" foi colocado por Deus. Agostinho de Hipona, um antigo teólogo cristão, deu-nos sua oração mais famosa: "Fizeste-nos, Senhor, para ti, e o nosso coração anda inquieto enquanto não descansar em ti".

O desejo de Deus — devemos conhecê-lo

Toda a Bíblia mostra que Deus deseja que nós o conheçamos. De certo modo, esse é o tema das Escrituras — como o Senhor nos amou, como nos rebelamos contra Ele e como Deus se dedicou a resgatar o povo que se rebelou. A história é bem clara. Deus enviou profetas, sacerdotes e mensageiros de vários tipos. Ele enviou suas mensagens escritas. Nós (toda a humanidade), porém, não queríamos nada com Ele. Então, ignoramos suas mensagens e de vez em quando matávamos seus mensageiros. Deus enviou seu Filho, Jesus Cristo, a expressão máxima de seu amor, e nós também o matamos. Porém, pela morte dele, Deus fez um caminho para cada um de nós sermos perdoados.

Vamos voltar para o começo exato da história por um momento. Quando Deus criou o mundo, Ele criou Adão e Eva e os fez "à sua imagem" e "conforme a sua semelhança".

"Criou Deus o homem à sua imagem, à imagem de Deus o criou; homem e mulher os criou (Gênesis 1:27)." Essas simples frases estão cheias de significado para nós. Fomos feitos à imagem de Deus, o que significa que há algo dentro de nós que está ligado com quem Deus é. Você e eu fomos feitos para conhecer Deus pessoalmente. Os cães não oram, os pássaros não adoram, os peixes não louvam — mas nós fazemos tudo isso. Por quê? Porque há uma consciência de Deus dentro de cada coração humano. É essa "consciência divina" que nos faz querer conhecer Deus e nos faz ansiar descobrir por que existimos.

Fome de Pai
Há ainda outra parte da história. Desde que Adão e Eva comeram do fruto proibido no jardim do Éden, essa imagem de Deus em cada um de nós tem sido distorcida pelo pecado que entrou no mundo. Imagine um pedaço de papel com as palavras À IMAGEM DE DEUS em letras maiúsculas. Antes de Adão e Eva pecarem, esse papel era limpo e liso. Agora, para todos nós, esse papel está amassado, sujo e rasgado. Apesar disso, ele nunca está totalmente destruído. Apesar de todas as nossas falhas, ainda queremos conhecer Deus e ainda queremos encontrar o sentido da vida. Nós só não sabemos por onde começar.

Para usar uma frase bem moderna, fomos deixados com um tipo de "fome de Pai". Essa é uma expressão usada para descrever crianças crescendo em uma família sem a figura forte e amorosa de um pai. Ele pode ter falecido ou abandonado seu lar. Ou talvez estivesse muito ocupado e não tinha tempo para a família. Por mal conhecer seus filhos, estes competem desesperadamente por suas pequenas migalhas de amor e aprovação. Filhos que crescem num lar assim querem desesperadamente um pai, e às vezes eles procuram por alguém (ou algo) que preencha esse vazio.

Numa escala bem maior, essa é a história de toda a humanidade. Fomos criados para conhecer Deus, e queremos conhecê-lo, mas nosso pecado nos separou dele. Por isso, somos deixados com uma profunda "fome de Pai" que não passa.

Nossa busca — em todos os lugares errados
Então o que fazemos? Buscamos amor em todos os lugares errados. Podemos ilustrar usando uma caneta e um pedaço de papel. Desenhe um penhasco do lado direito no papel e escreva "Deus". Do outro lado, desenhe outro penhasco e escreva "nós". No espaço no meio, escreva a palavra "pecado". Esse é o problema que todos nós enfrentamos. Estamos de um lado, Deus está do outro, e nossos pecados ficam entre Deus e nós. Algo dentro de nós diz que pertencemos ao outro lado, junto de Deus, que nos criou. Daí planejamos construir pontes entre o grande abismo.

Agora, desenhe linhas que comecem do lado de "nós" e leve até o lado de "Deus", terminando cada linha em algum lugar entre os dois extremos. Cada linha representa uma "ponte" humana que construímos em nossas tentativas de encontrar o caminho de volta para Deus. Uma ponte pode ser chamada de "dinheiro", a outra de "educação", a outra de "boas obras", a outra de "sexo", a outra de "poder", a outra de "ciência", a outra de "sucesso", a outra de "aprovação", a outra de "relacionamentos" e a outra de "religião". Você pode fazer quantas pontes quiser, mas elas parecem que jamais chegam ao outro lado. Cada uma termina no meio do caminho, ilustrando a seguinte verdade: você jamais pode encontrar Deus de onde você está. Não importa qual estrada escolhemos, caímos no grande abismo e terminamos machucados nas rochas pontiagudas da realidade.

É a isso que me refiro ao buscar em todos os lugares errados. Nada neste mundo pode satisfazer nosso anseio porque nada neste mundo pode nos conduzir de volta para Deus. A resposta de que precisamos dever vir de fora deste mundo.

Três mil anos atrás, um homem sábio chamado Salomão saiu à procura do segredo da vida. Ele registrou suas buscas em um livro da Bíblia chamado Eclesiastes. Nos primeiros dois capítulos, ele nos conta sua grande experiência. Salomão levantou construções, plantou grandes jardins, frequentou muitas festas e juntou uma vasta fortuna.

Colecionou livros e muitíssimo conhecimento humano. Teve tudo o que quis. Nada lhe era negado. Ele vivenciou de tudo em sua busca por significado.

Sua descoberta foi registrada em três palavras: *"Desprezei a vida"* (Eclesiastes 2:17). Quando nada satisfaz, quando você realmente já experimentou de tudo, quando pode dizer com toda a calma "Já fiz isso, já estive lá" e ainda sente o vazio interior, então, o que fazer? A conclusão de Salomão poderia estar escrita em um epitáfio para todas as gerações.

Em poucas palavras, aqui está o nosso problema. Fomos criados pelo Senhor para conhecer Deus. Há um "vazio em forma de Deus" dentro de cada indivíduo que nos leva a buscar aquele que nos criou. Salomão nos lembra em Eclesiastes 3:11 que Deus "também pôs no coração do homem o anseio pela eternidade". Por buscarmos em todos os lugares errados, jamais o encontraremos. Nosso anseio eterno por Deus não é suprido.

A solução de Deus — Ele se fez conhecido

No fim, somos deixados com esta grande verdade: jamais poderemos conhecer Deus a menos que Ele mesmo se revele a nós. Por mais que tentemos, sempre acabamos na escuridão, buscando um Deus que sabemos que está lá, mas que não conseguimos encontrar. Deus, porém, não nos deixou viver na escuridão para sempre. Ele mesmo se revelou para nós de quatro modos básicos:

A. Na criação — todo mundo vê a natureza.
B. Na consciência humana — todos têm uma.
C. Em sua palavra escrita, a Bíblia — nem todos a conhecem.
D. Em seu Filho, Jesus Cristo — nem todos entendem isso.

A última revelação é a mais importante. Jesus é o "Deus encarnado", ou seja, Deus em carne e osso. Quando caminhou sobre a terra, Ele era o Deus-homem, totalmente Deus e totalmente homem ao mesmo tempo. Jesus é a revelação máxima de Deus. Ele disse: "Quem me vê, vê o Pai" (João 14:9). Jesus é a chave para conhecer Deus. Se deseja saber como Deus é, olhe para Jesus.

Alguns fatos sobre Deus
A Bíblia diz muito sobre quem Deus é e como Ele se revelou. Aqui estão seis fatos sobre o Senhor que você precisa saber:

1. Ele existe eternamente em três pessoas
A verdade sobre Deus começa com o fato de que Ele sempre existe como Pai, como Filho e como Espírito Santo. Quando dizemos isso, referimo-nos que o Pai é Deus, que o Filho é Deus e que o Espírito Santo é Deus, mas não existem três deuses, apenas um único Deus. O Pai não é o Filho, o Filho

não é o Espírito Santo e o Espírito Santo não é o Pai, mas cada um é Deus individualmente; no entanto, eles são, juntos, o único Deus verdadeiro da Bíblia. Isso é chamado de a doutrina da Santíssima Trindade.

Alguém fez a seguinte pergunta para o estadista americano Daniel Webster: "Como um homem com seu nível intelectual crê na Trindade?". "Não vou fingir que entendo totalmente a matemática do céu", respondeu ele. É uma boa expressão essa — a matemática do céu.

A Trindade faz a gente se prostrar em humildade diante de um Deus que é maior do que nossa mente poderia jamais compreender. Temos um Deus que já providenciou tudo o que é necessário para a nossa salvação. Quando estávamos perdidos no pecado, Ele agiu em cada pessoa de seu ser para nos salvar. O Pai deu o Filho, o Filho se ofereceu para morrer na cruz, e o Espírito Santo nos atrai para Jesus.

2. *Ele é o Deus soberano*

Chamar Deus de "soberano" significa que Ele é o rei supremo do universo. Não há ninguém que esteja acima dele. O Senhor não presta contas para ninguém, mas um dia todos deverão prestar contas a Ele. Deus é o ser mais puro, mais simples e mais essencial no universo. É um Deus pessoal — não uma força impessoal. Por ser infinito, Ele não está sujeito ao tempo, à corrupção ou à decadência. Por ser eterno, Ele sempre está presente em todo o universo. Ele é a força imutável, a razão do inexplicável e a fonte de tudo o que existe. É o poder por detrás de todos os outros poderes.

Seu caráter é imutável — logo, é totalmente confiável. O que Ele diz, Ele fará. Por ser o único a ter verdadeiramente o "livre-arbítrio" no universo, o Senhor faz tudo o que lhe agrada, mas nunca age de modo contrário, apenas em conformidade com seu próprio caráter perfeito. "O nosso Deus está nos céus, e pode fazer tudo o que lhe agrada" (Salmos 115:3).

Deus é santo, o que significa que Ele é totalmente puro, sem qualquer maldade, totalmente sem culpa ou erro. A santidade é o que faz Deus ser quem é. Ele jamais rebaixa seus padrões, nunca faz concessões e não faz "acordos". Tudo o que Ele faz é certo, justo e bom. "Ele é a Rocha, as suas obras são perfeitas, e todos os seus caminhos são justos" (Deuteronômio 32:4). Não há falsidade nele ou que venha dele. O Senhor dita as regras, e ninguém pode se opor. Ele mesmo é o padrão final do certo e do errado. Portanto, tudo que Deus diz sobre mim e sobre você é verdade.

3. *Ele criou todas as coisas*

Deus planejou tudo o que existe; Ele deu início à criação e pessoalmente trouxe à existência todas as coisas. "No princípio Deus criou os céus e a terra" (Gênesis 1:1). O universo não surgiu por acaso, por acidente ou por uma colisão inesperada de células. Não é produto de uma evolução aleatória.

Deus falou, e o universo veio à existência. Ele é tão poderoso que é a fonte de todas as coisas — vivas e mortas. Tudo foi criado por Ele e tudo existe neste momento pela sua poderosa palavra (Hebreus 11:3). Isso significa que Deus criou você pessoalmente; você foi colocado nesta terra por um motivo, e o maior propósito da sua vida é conhecer esse Deus. Pense nisso por um instante. O Deus que pode criar tudo — criou você! E esse mesmo Deus deseja que você o conheça pessoalmente.

4. Ele criou você à imagem dele

Você foi criado para conhecer o Senhor. Algo em seu interior verdadeiramente quer conhecer o Deus que criou você. Esse desejo pode estar escondido lá no fundo, ou você pode sentir ele arder em seu coração neste momento. Talvez você tentou encobri-lo ou satisfazer seus anseios com as coisas desta terra, mas isso não funciona. Você foi criado com desejos que nada neste mundo pode satisfazer. Somente Deus pode preencher o vazio do seu coração. Somente Ele pode amar você do jeito que você deseja ser amado.

5. Ele sabe tudo ao seu respeito

Os teólogos chamam isso de onisciência, que simplesmente significa que Deus conhece tudo — o passado, o presente e o futuro. Ele nunca é pego de surpresa por nada que aconteça em qualquer lugar do universo. Nada lhe é oculto. Isso inclui seus pensamentos mais secretos, seus sonhos e seus desejos não satisfeitos. Deus sabe as palavras antes mesmo de você pronunciá-las e os pensamentos antes mesmo de você pensá-los. "Antes mesmo que a palavra me chegue à língua, tu já a conheces inteiramente, Senhor" (Salmos 139:4). Deus sabe onde você esteve na noite passada e com quem. Sabe a história completa da sua vida, o lado bom e o ruim, todas as facetas. E aqueles segredos que ninguém sabe? Ele também os conhece por completo.

6. *Ele se importa com você*
A Bíblia diz que "Deus é amor" (1João 4:16). Ele é amor perfeito, infinito e incondicional. Seu amor é dado de graça. Não é uma recompensa pelo bom comportamento porque ninguém jamais pode "comprar" o amor de Deus. Os maiores presentes na vida são aqueles que não merecemos. Nenhum presente poderia ser maior que o amor do Senhor. A Bíblia declara que Deus ama os odiados. Nós cerramos os punhos e pecamos contra Ele, mas a notícia extraordinária é que Deus ama até mesmo seus inimigos (Romanos 5:6-8). Quando éramos pecadores, Ele demonstrou seu amor ao enviar seu Filho ao mundo para morrer por nós.

Precisamos conhecer um Deus que nos ama desse modo. Não conhecê-lo significa desconhecer a verdade central do universo. É como visitar Roma e ver tudo, menos a Basílica de São Pedro. É como viajar para Washington, D.C., e ver tudo, menos a Casa Branca. É como viajar para Paris e ver tudo, menos a Torre Eiffel. Ou é como ir ao Rio de Janeiro e ver tudo, menos o Cristo Redentor.

O único fator importante é Deus

Vamos encerrar este capítulo com a história de um jovem que conheci; ele tinha apenas 26 anos de idade quando faleceu. Embora tenha crescido em um lar cristão, durante a adolescência e juventude, ele entrou numa fase de rebeldia e busca espiritual. Sua vida mudou quando os médicos descobriram um tumor cerebral. A cirurgia trouxe uma remissão momentânea, e daí o câncer voltou.

À medida que os meses passavam, sua fé aumentava mesmo quando sua condição física piorava. Ele começou a buscar ao Senhor como nunca. A Palavra de Deus tornou-se agradável para ele. Ele ficou bem ousado ao testemunhar o que Deus fizera em sua vida, principalmente para seus amigos. Pediu a Deus que o usasse para alcançar os outros, para que ele pudesse levar as pessoas a Cristo, a despeito de quanto tempo tivesse de vida.

Durante seu funeral, sua irmã mais nova disse o quanto o amava, o quanto quis ser como ele e o quanto ele era chato em certos momentos. Então surgiu o câncer. Ela viu uma diferença tão profunda nele que tudo mudou. Seu irmão entendera do que se tratava a vida. Daí ela disse a seguinte frase: A vida não é nada sem Deus. Ele tinha mostrado a ela que não importa o quanto você viva, ou quanto dinheiro tenha, ou o quanto você é bem-sucedido em sua carreira. No fim da vida, a fé dele transmitiu uma simples mensagem: A vida não é nada sem Deus. Ela ficou maravilhada que alguém tão jovem — seu irmão — entendera o sentido da vida. E ela o agradeceu por deixá-la com esta verdade importantíssima: A vida não é nada sem Deus. Quando me levantei para pregar alguns minutos depois, eu não tinha muito a dizer. Simplesmente repeti mais uma vez o que ela disse: *A vida não é nada sem Deus*.

Então fiz esse apelo. Se você viver 80 anos e não descobrir essa verdade — *A vida não é nada sem Deus* —, você deixou passar a razão da sua existência. Se você ganhar 1 milhão de dólares — ou 10 milhões — e tiver centenas de amigos e a bajulação dos seus amigos mais íntimos; se tiver tudo isso, mas não descobrir essa verdade básica, você ainda estará no jardim da infância, espiritualmente falando.

Você já descobriu do que se trata a vida? A vida não é nada sem Deus. O resto são só detalhes. Conhecer o Deus que criou você é o que há de mais importante. É o que dá significado e propósito para tudo. Se você não conhece Deus, nada mais importa.

Então, a pergunta que devemos fazer é: Você conhece Deus? E se não conhece, gostaria de conhecê-lo? As boas-novas é que você pode conhecê-lo. Antes de irmos para essa parte, temos de encarar as más notícias. E é isso que o próximo capítulo vai abordar.

LEMBRE-SE DESTA
VERDADE

*Se você viver 80 anos
e não descobrir essa
verdade — A vida não
é nada sem Deus —,
você deixou passar a
razão da sua existência.*

Aprofundando-se

1. Quais das seguintes frases melhor descreve onde você está em sua jornada espiritual?
   - ☐ Aquele que busca
   - ☐ Aquele com dúvidas sinceras
   - ☐ Incrédulo frustrado
   - ☐ Crente verdadeiro
   - ☐ Espectador casual
   - ☐ Espiritual, mas não religioso
   - ☐ Ex-convertido
   - ☐ Muito confuso
   - ☐ Completamente perdido

2. Leia Jeremias 29:11. O que esse versículo nos diz sobre a importância de buscar a Deus?
   _____
   _____
   _____

3. O que é mais difícil de acreditar — que Deus ama você e quer ter um relacionamento contigo ou que Ele algum dia vai julgá-lo por causa dos seus pecados?
   _____
   _____

4. O que as passagens a seguir, do Antigo Testamento, dizem sobre quem Deus é?

   a. Êxodo 34:5-7

   b. Salmos 103:8-13

   c. Isaías 6:1-3

   d. Daniel 4:34-37

CAPÍTULO 2

A verdade a seu respeito

Alguns anos atrás, um amigo passou na frente de uma banca de um jornal de Chicago e leu uma estranha informação escondida nos obituários. Parece que "Wally, o detetive", tinha falecido. Geralmente, isso não merecia qualquer atenção, mas enquanto eu lia o jornal, percebi que "Wally, o detetive" não era um picareta qualquer.

O obituário o chamava de "o lendário criminoso de Chicago", que cometeu vários crimes, como um personagem tipo Damon Runyon.

Ele admitiu francamente grampear os telefones para seus clientes, que incluíam vários mafiosos bem conhecidos. Evidentemente, ele era bom naquilo que fazia. Durante sua vida criminal, fora condenado por muitos crimes, bem como por fraudar seguradoras, fingir ser um agente federal e fazer corridas de cavalos fantasmas, o que significa que ele usou equipamentos eletrônicos para apostar em corridas já realizadas em outras cidades.

À certa altura de sua carreira, "Wally, o detetive" foi abordado por certos tipos de roteiristas de Hollywood que queriam fazer um filme sobre sua vida. Ele, porém, foi convencido a não seguir adiante quando seus amigos mafiosos discutiram carinhosamente a questão com ele. "Meus amigos mafiosos", disse ele, "perguntaram como eu ia gastar os lucros do filme se estivesse enterrado a dois metros de profundidade. Eu logo entendi o recado e disse adeus para o roteirista de Hollywood".

Fiquei atraído por sua história quando descobri seu nome verdadeiro — Walter Dewey Pritchard. Quando o sr. Pritchard foi sentenciado, em 1984, após ser condenado por máfia interestadual, o juiz fez um comentário revelador. "Não encontro absolutamente nada para redimir o sr. Pritchard, exceto que ele é um cara legal." Isso me fez imaginar se Wally e eu não fazemos parte da mesma árvore genealógica. Até onde eu sei, não há ligação direta, mas aposto que se você voltar bastante no tempo, descobriria que ele é, na verdade, meu tio de quatro gerações passadas.

Ainda não era o fim da minha reflexão. À medida que eu ponderava a questão, percebi que a história podia ter sido escrita ao meu respeito. "Tio" Wally e eu temos mais em comum do que eu gostaria de admitir. Um pouco de reflexão levou-me a uma conclusão desanimadora: o que o juiz disse sobre Wally, o detetive, também podia ter dito ao meu respeito. "Não encontro absolutamente nada para redimir o sr. Pritchard, exceto que ele é um cara legal." De um ponto de vista bíblico, é uma frase perfeitamente exata. Não há nada para me redimir.

O que aconteceu com o pecado?
Se você acha que isso é muito severo, considere as palavras do autor britânico G. K. Chesterton: "Seja verdade ou não, uma coisa é certa: o homem não é o que deveria ser". Tenho certeza de que não preciso gastar muito tempo debatendo essa afirmação. Se você tem qualquer dúvida do quanto somos pecadores, vá para qualquer parte do mundo, pegue qualquer jornal em qualquer idioma. Apenas leia a manchete principal e você será convencido.

Em 1973, o psiquiatra Karl Menninger escreveu um livro memorável, *Whatever Became of Sin?* [O que aconteceu com o pecado?]. Existem três respostas para essa pergunta, mas esta aqui é certamente verdadeira: Não aconteceu nada com o pecado, mas aconteceu conosco. Simplesmente não queremos mais falar sobre isso. Não é um assunto correto, principalmente em nossa sociedade politicamente incorreta. Tente mencionar a palavra "pecado" da próxima vez que for a uma festa e veja como as pessoas mudarão de assunto bem rápido.

No entanto, evitar o assunto não muda a verdade. Algo deu errado com a raça humana, e ninguém pode negar esse fato. Não somos aquilo que devíamos ser. A despeito do quanto nos vangloriemos de nossas descobertas tecnológicas, a desumanidade do homem para com o próximo é um assunto que sempre estampa a primeira página do jornal. Os detalhes mudam, os rostos variam, mas a história é sempre a mesma. Algo maligno se esconde no coração de cada indivíduo. Ninguém está imune, ninguém é exceção, e ninguém é totalmente inocente. Chame do que quiser — uma distorção, uma inclinação, um desejo de fazer coisas erradas. De certo modo, em algum lugar, alguém injetou veneno na corrente sanguínea do ser humano. É por isso que mesmo quando sabemos que devemos fazer a coisa certa, sempre escolhemos fazer o que é errado. Deliberadamente. Várias vezes. De forma desafiadora.

O mundo é um caos — todos nós sabemos. E ele é um caos porque todos nós somos um caos. O problema não está "lá fora". Está "dentro de nós". O mundo é mau porque somos maus; é maligno porque esse traço está dentro de nós.

Não se esqueça de trancar o carro

É comum hoje em dia falarmos da maldade como resultado de um ambiente ruim, da falta de educação ou da pobreza.

Muitos acreditam que se pudermos mudar esses fatores, poderíamos retirar a maldade do mundo. Esperamos mudar as pessoas ao mudar o ambiente em que elas vivem. Contudo, após bilhões e bilhões de dólares gastos, isso ainda não aconteceu nem vai acontecer. Atualmente produzimos uma geração de criminosos cibernéticos que usam a Internet para cometer crimes a milhares de quilômetros de distância. Por causa da tecnologia moderna sabemos, como nunca, como matar o máximo de pessoas com o mínimo de esforço. O racismo permanece, a matança continua, o crime se espalha cada vez mais e as nações ainda estão em guerra. A violência étnica parece ser a ordem do dia. Por quê? Porque existe maldade no coração humano.

Durante uma pregação, perguntei quantas pessoas trancaram as portas de suas casas e de seus carros antes de virem à igreja. A resposta foi "todos". Elaboramos sistemas de segurança porque a natureza humana não foi aperfeiçoada. Nosso problema é o pecado que nos separa de Deus. "Mas as suas maldades separaram vocês do seu Deus; os seus pecados esconderam de vocês o rosto dele" (Isaías 59:2). Chamamos o pecado por sinônimos, o camuflamos e até damos outro rótulo para ele. Isso, porém, não funciona. Você pode pegar um frasco de veneno e rotular como "suco de laranja", mas isso não altera o conteúdo do frasco. Se você beber, morrerá. O veneno ainda é o mesmo, não importa qual nome você dê para ele.

A natureza do pecado

Pecado é qualquer violação do caráter justo de Deus. É tudo o que dizemos, ou fazemos, ou pensamos, ou imaginamos, ou planejamos que não se encaixa com o padrão divino de perfeição. A Bíblia usa muitas ilustrações para descrever o pecado:

O pecado é a *desobediência*. Isso significa que ele é qualquer coisa que ignore ou viole o padrão de Deus registrado na Bíblia.

O pecado é *errar o alvo*. Imagine um arqueiro atirando uma flecha e, em vez de acertar na mosca, erra completamente o alvo. O pecado faz mirarmos nossa vida na direção errada, e erramos o alvo daquilo que Deus deseja que façamos e sejamos.

O pecado é a *transgressão*. Isso significa passar dos limites do que Deus disse ser bom e adequado.

O pecado é a *iniquidade*. Essa é uma palavra pesada que significa escolher deliberadamente fazer o que é errado. Ela incute a ideia de uma desobediência premeditada.

O pecado é o *desvio do padrão*. Isso descreve uma perversão da alma que resulta em uma vida cheia de escolhas erradas, ações maldosas e relacionamentos destruídos.

O pecado atinge a *feiura interior da alma*. Ele envolve nossos pensamentos, nossos sonhos e nossas motivações ocultas que ninguém vê. Deus, porém, vê tudo. Muita coisa acontece por debaixo dos panos. Podemos escondê-las dos outros, e até de nós mesmos, mas não podemos escondê-las de Deus. Nada, em toda a criação, está oculto aos olhos do Senhor (Hebreus 4:13).

A Bíblia leva o pecado de volta ao jardim do Éden. Deus disse para Adão e Eva não comerem do fruto de uma árvore em específico. A serpente enganou Eva, que comeu o fruto e depois ofereceu para Adão que, embora não tivesse sido enganado, também comeu o fruto. Foi através dessa escolha deliberada que o pecado entrou no mundo. Antes desse momento, ele era uma alma vivente em um corpo imortal. Depois, tornou-se uma alma morta em um corpo mortal. Se você estivesse lá naquele dia, tudo o que teria visto seria um homem pegar o fruto da mão de sua mulher e comê-lo. Nada de relâmpagos, trovões, sinos, nem trilha sonora de terror ao fundo. Porém, daquele ato de desobediência escoaram resultados desastrosos pela história.

Os teólogos chamam esse evento de "A queda". Isso significa que, quando Adão comeu o fruto, ele caiu de um estado de inocência para um estado de culpa. Caiu da graça para o julgamento. Caiu da vida para a morte.

Adão levou o ônibus ladeira abaixo

O que tudo isso tem a ver comigo e com você? De um modo misterioso, eu e você estávamos lá. Quando Adão pecou, você e eu pecamos com ele. "Portanto, da mesma forma como o pecado entrou no mundo por um homem, e pelo pecado a morte, assim também a morte veio a todos os homens, porque todos pecaram" (Romanos 5:12). Essa é a doutrina do pecado original em sua forma mais pura. Significa que quando Adão pecou, eu e você pecamos. Quando Adão desobedeceu, eu e você desobedecemos. Quando Adão caiu, eu e você caímos. Quando ele morreu, eu e você morremos. Em outras palavras, embora não estivéssemos lá no jardim, historicamente falando, por sermos descendentes de Adão — parte de sua árvore genealógica —, sofremos as consequências do que ele fez.

Deixe-me explicar de outra maneira. Adão era o motorista do ônibus da humanidade. Quando dirigiu ladeira abaixo, fomos todos com ele. Ou podemos dizer que ele era o piloto quando o avião colidiu. Não importa se estávamos sentados nas poltronas assistindo a um filme. Quando ele colidiu, fomos todos incendiados.

Quando Adão pecou, ele maculou toda a humanidade. O vírus do pecado entrou na corrente sanguínea humana e assim cada bebê nascido neste mundo está infectado com o vírus mortal do pecado. Cada indivíduo nasce com uma tendência a fazer o que é errado. Todos nós nascemos com uma natureza pecaminosa.

Podemos não gostar de encarar essa verdade a nosso respeito e podemos protestar em não termos nada a ver com o pecado de Adão. Um amigo me contou que seu pai tem uma doença dolorosa chamada gota, e os três filhos dele também. Ele disse que seu pai sempre comentava, brincando com os filhos: "Vocês não escolheram bem os seus pais". Mas nós não escolhemos nossos pais — fisicamente ou espiritualmente. Não tínhamos nada a ver com as características físicas que herdamos deles. Da mesma forma, herdamos uma natureza pecaminosa de Adão porque ele é a raiz de toda a árvore genealógica e de toda a raça humana.

Muitos pensam que Deus tem um tipo de medidor divino que registra: "Bom", "Neutro" e "Mau". Acham que estão em algum lugar na zona neutra — nem tão maus, nem tão bons, predominantemente neutros. Eles não são os melhores, mas também não são os piores. No entanto, a Bíblia diz que por causa do pecado de Adão, viemos ao mundo com o ponteiro estacionado na marca "mau". Longe da graça de Deus é onde o ponteiro vai ficar parado enquanto vivermos.

Você não é mau porque faz maldades. Você faz maldades porque é mau. Sua natureza básica é corrupta e perversa. É a sua herança de Adão. Você nasceu vivendo no lado desregrado. Nasceu em desvantagem em sua ficha. Você virou para o lado errado no jardim e tem estado assim desde então.

Começou com Adão, mas mão terminou com ele. Isso continua na sua e na minha vida. Adão foi o primeiro pecador, mas não o último. Seguimos os passos de nosso ancestral porque compartilhamos seu sangue contaminado.

Se o pecado fosse azul

Eu posso imaginar alguém lendo tudo isso e dizer: "Você não tem nenhuma boa notícia? Há esperança?" A resposta é "sim", há uma esperança enorme para todos nós. As boas-novas estão chegando, mas ainda não estamos prontos para ouvi-las. Precisamos entender a profundidade do nosso problema antes de podermos apreciar totalmente a solução maravilhosa de Deus.

O quanto o problema é ruim? Eis aonde quero chegar: O pecado contaminou cada parte do seu ser — sua mente, suas emoções, sua vontade, seu intelecto, seu raciocínio moral, sua tomada de decisões, suas palavras e seus atos. Nenhuma parte da sua vida é exceção dos efeitos deliberados do pecado. Como alguém disse certa vez: "Se o pecado fosse azul, todos seríamos da cor azul". Alguns seriam azul escuros, outros azul celestes, alguns seriam azul claros, mas cada parte teria um tom ou outro de azul.

Isso nos deixa com a frase solene de Deus de que "Não há nenhum justo, nem um sequer" (Romanos 3:10). Quando olha do céu para a terra, Ele não vê um único ser humano justo — nenhum sequer. Mas como isso é possível? Como Deus pode olhar para oito bilhões de pessoas e não ver sequer uma pessoa cuja vida o agrada? Não é um julgamento excessivamente severo? A resposta é que Deus julga de acordo com um padrão diferente daquele que usamos. A maioria nivela pela média, ou seja, olhamos para o próximo e dizemos: "Não sou tão mau quanto ele". Ou nos comparamos com alguém que conhecemos no trabalho e isso faz a gente se sentir bem, ou assim pensamos.

Deus, porém, não julga desse jeito. Quando olha do céu para a terra, o padrão que Ele usa é sua própria perfeição imaculada. O Senhor nos compara com sua própria santidade, seu amor, sua sabedoria e sua justiça perfeita. Comparado à perfeição de Deus, não há ninguém — nenhuma pessoa sequer — que é justa aos olhos dele.

Buscando um homem justo
Então, onde encontraremos um homem justo na Terra? No Brasil? Não. No Afeganistão? Não. No Japão? Não. Na África do Sul? Não. Na Turquia? Não. Em Israel? Não. Nos EUA? Não. Encontraremos um homem justo no Congresso? Não. Que tal em Hollywood? Esqueça. Podemos encontrar um justo nas igrejas? Sem chance. Há algum lugar em todo o planeta onde poderíamos encontrar um homem ou mulher verdadeiramente justos? A resposta é não. Do ponto de vista divino, não há uma única pessoa justa em toda a raça humana.

Mesmo ao ler estas palavras, há algo em nosso interior que resiste a essa conclusão tão dura. Quando Deus olha do céu, Ele vê uma raça que é totalmente pecaminosa. Somos como uma cesta cheia de frutas que apodreceu no calor do verão. Todos nós "apodrecemos" aos olhos de Deus.

Já que todos descendemos de Adão, não há lugar para o orgulho ou para um sentimento de superioridade em relação aos outros. Todos nós estamos exatamente no mesmo lugar — criados por Deus, feitos para conhecê-lo, profundamente decadentes e muitíssimos amados. E tudo o que precisamos é do toque redentor de Jesus Cristo.

Parte do nosso problema a essa altura é que é fácil para nós confessarmos os pecados dos outros. A face da hipocrisia aparece de muitas formas sutis. Já percebeu como gostamos de "renomear" nossos pecados? Fazemos isso atribuindo os piores motivos aos outros, enquanto usamos frases diferentes para nos livrarmos da responsabilidade. Se você age assim, é um mentiroso; se eu ajo assado, estou somente "maquiando os fatos". Se você fizer isso, está trapaceando; se eu fizer aquilo, estou "quebrando as regras".

- Você perde a paciência, eu tenho uma ira justa.
- Você é um babaca, eu estou tendo um dia ruim.
- Você amaldiçoa e xinga, eu desabafo.
- Você é insistente, eu sou orientado pelos objetivos.
- Você é ganancioso, eu estou simplesmente cuidando dos negócios.
- Você é hipocondríaco, eu estou doente de verdade.
- Você fede, eu só tenho um "perfume natural".

E assim por diante. Todos nós temos mil maneiras de desculpar nosso próprio comportamento e, ao mesmo tempo, criticar os outros por fazerem as mesmas coisas. Não é de se admirar que Jesus disse: "Se algum de vocês estiver sem pecado, seja o primeiro a atirar pedra nela" (João 8:7). Se todos seguíssemos esse padrão, o volume de críticas no mundo cairia rapidamente para zero.

Um bom amigo estava com problemas em seu casamento. Quando lhe perguntei qual era o principal problema dele e qual era o principal problema dela, meu amigo sorriu com tristeza e disse com total honestidade: "Vejo os problemas dela muito melhor do que os meus". Sorri e admiti que sou assim também. Sempre pareço ser bom para mim mesmo. Isso é a natureza humana, certo? Todos nós, mesmo os melhores de nós, somos propensos à hipocrisia porque todos nós, por natureza, fugimos da responsabilidade com muita facilidade. E quando cessam as desculpas, voltamos para onde começamos. Todos somos pecadores.

Nossa posição na vida não muda a realidade da nossa condição diante de Deus. Você pode ser...

- um estudante;
- um empregado executivo;
- dono ou dona de casa;
- um idoso;
- um homem abastado;
- uma mulher rica;
- um bom cidadão;

- homem inocente;
- condenado injustamente.

Não importa. Você ainda é um pecador aos olhos de Deus.

As consequências do pecado
Onde o pecado nos deixou? Podemos resumir usando dados bíblicos. Devido ao pecado, estamos...

- *Perdidos.* Estar perdido significa estar numa posição de grande perigo pessoal porque não conseguimos encontrar o caminho da segurança.
- *Separados de Deus.* O pecado criou um grande abismo entre Deus e nós. Fomos criados para conhecer ao Senhor, mas nossos pecados nos separam dele. Sentimos e sabemos que isso é verdade. Há uma muralha espessa entre nós, uma montanha de pecado que se levanta e um vale profundo embaixo de nós. É por isso que ficamos inquietos. Nada na Terra pode satisfazer nossa fome de Deus. É por isso que estamos buscando, procurando, tentando e nos esforçando.
- *Cegos.* O pecado destrói nossa habilidade de ver as coisas claramente. Vivemos nas trevas do pecado e nem mesmo o menor raio de luz chega até nós.
- *Mortos.* Uma pessoa morta tem olhos, mas não pode ver; ouvidos, mas não pode ouvir; lábios, mas não pode

falar; pés, mas não pode se mover. Os espiritualmente mortos não têm dentro de si nenhuma capacidade de responder a Deus. A menos que alguém os ressuscite, eles nunca poderão conhecer o Deus que os criou.
- *Escravizados*. Por causa do pecado somos escravos de nossos próprios desejos maldosos. Até o nosso coração foi corrompido. Se formos deixados por conta própria, sempre escolhemos fazer o que é errado. Por mais que tentemos, não podemos mudar a nós mesmos. Somos escravos e não podemos nos libertar! Deus diz: "Não farás"; mas dizemos: "Eu farei", e depois nos odiamos. Por quê? Somos escravos do pecado. O pecado nos controla, nos governa e nos domina. Somos um povo de altos ideais e de vontades fracas, de grandes sonhos e pequenos atos, de grandes esperanças e vida mesquinha.
- *Impotentes*. É o fim lógico de tudo. Uma pessoa que está perdida, separada, cega, morta e escravizada está realmente impotente. Ela está presa sem esperança. Qualquer ajuda deve vir de outro lugar.

O primeiro passo é o mais difícil

Não muito tempo atrás, um homem me escreveu para contar sobre o ministério que ele e sua esposa possuem. O objetivo é ajudar qualquer um que esteja lutando com os problemas do vício em álcool. O homem disse que para a maioria dos alcoólatras (e ele falava por experiência própria) a parte mais difícil do processo é admitir que precisa de ajuda. Ele falou da dificuldade de ser totalmente honesto a respeito do caos em que sua vida está e como é fácil racionalizar, minimizar, dar desculpas, contar apenas parte da verdade. Aqueles que estiveram no tratamento dirão que o primeiro passo é o mais difícil — e o mais importante. Enquanto não enfrentar as más notícias sobre sua condição, você não poderá entregar sua vida a Deus verdadeiramente e por completo e pedir a ajuda dele.

Isso também é verdade para cada um de nós, sejam quais forem nossos problemas pessoais. O pecado nos deixou impotentes e escravizados, totalmente incapazes de nos salvarmos. Até que venhamos a admitir, nossa vida jamais vai mudar de verdade.

É completamente possível que você não veja sua vida nesses termos. Dizer que você é um pecador não significa que seja tão mau quanto poderia ser. Poucos de nós alcançam as profundezas de nossas próprias inclinações pecaminosas. Contudo, se formos honestos, devemos admitir que até mesmo em nossos melhores dias, não alcançamos o padrão de Deus da perfeição absoluta. Mesmo se parecer que nossa vida está boa, a Bíblia diz que você ainda é um pecador. Esse é o veredicto de toda a raça humana.

Eis onde quero chegar: Você nasceu em pecado — separado de Deus, caído, corrupto e morto espiritualmente. Você está morrendo fisicamente e já está morto espiritualmente. Você é responsável por cada pecado que já cometeu.

Você está em grandes apuros. A menos que alguém intervenha para ajudar, você jamais pode ser salvo.

Número 1 em uma cirurgia cardíaca

Tenho vários bons amigos que passaram por tratamentos de quimioterapia bem complicados. Na verdade, para alguns era uma experiência muito desagradável. Não conheço ninguém que faça quimioterapia por diversão. Você faz porque o médico diz: "Se não fizer, você vai morrer". Daí você faz como sendo o único remédio disponível. O pecado é o câncer da alma, então o evangelho é o remédio divino. Na verdade, é o único remédio para o pecado.

Um amigo me contou sobre um *outdoor* que anunciava os serviços cardíacos de um hospital chamado "Cristo". O cartaz dizia: "Cristo, o número 1 em cirurgia cardíaca." Não sei sobre o hospital, mas posso atestar seu homônimo. Jesus Cristo é de fato o número 1 em cirurgia cardíaca. Ele jamais perdeu um caso. Quando vamos até Ele pela fé, recebemos um coração novinho em folha.

O evangelho são as boas-novas, mas até que vejamos o quanto são ruins as más notícias, nunca entenderemos por que as boas-novas são tão boas.

Se você está lendo esta frase, tenha ânimo! O pior já passou. As boas-novas estão bem ali.

LEMBRE-SE DESTA
VERDADE

Os únicos que pensam que são bons o suficiente para irem para o céu são aqueles que não sabem o quanto são maus.

Aprofundando-se

1. Você se considera pecador? Sim ou não? Por quê? Como você define o pecado?

   _____
   _____
   _____
   _____
   _____

2. Você crê no céu e no inferno? Sim ou não? Por quê? Você tem certeza desse assunto? Se morrer agora, para onde você iria: céu, inferno ou para qualquer outro lugar? Quão importante é saber a resposta da última pergunta?

   _____
   _____
   _____
   _____
   _____
   _____
   _____
   _____

3. O que os versículos a seguir ensinam sobre nossa verdadeira condição de estarmos longe de Deus?
   a. Lucas 19:10: Estamos _____.
   b. Efésios 2:1-2: Estamos espiritualmente _____.
   c. Isaías 59:2: Estamos _____ de Deus.
   d. Tito 3:3: Éramos _____.
   e. 2Coríntios 4:4: Estamos espiritualmente _____
   _____.
   f. João 3:18: Já estamos _____.

À luz desses versículos, como você responderia alguém que diz: "Posso ser um pecador, mas não estou tão 'mal das pernas' assim. Posso lidar sozinho com meus problemas"?

4. Para cada frase a seguir, escreva C para "concordo", NC para "não concordo" ou NTC para "não tenho certeza."

   _____ Deus está muito zangado comigo devido ao meu pecado.
   _____ Está tudo bem entre mim e Deus.
   _____ Deus sabe que estou fazendo o melhor que posso agora.
   _____ Não sou perfeito, mas eu não me chamaria de pecador.
   _____ A maioria dos meus problemas não são verdadeiramente minha culpa.

_____ Se eu for bom o suficiente, Deus perdoará os meus pecados.

_____ Eu não me preocupo com Deus, e Ele não se preocupa comigo.

_____ Deus me ama apesar dos meus pecados.

_____ Não acredito no conceito de pecado.

_____ Sou um pecador! Disso não tenho dúvidas.

CAPÍTULO 3

Maravilhosa graça

Em seu livro *Maravilhosa graça*, Philip Yancey comenta que a graça é a "última palavra perfeita". Ele explica que é uma das últimas palavras dos vocábulos antigos que reteve algo do original: "dádiva imerecida". Ele argumenta que quando oramos, "damos graças" antes das refeições para agradecer a Deus. Somos "gratos" pela bondade de alguém. Quando alguém nos serve bem, deixamos uma "gratificação". Algo que é oferecido sem nenhum custo recebe o nome de "grátis". E quando os dias de prazo dos livros que peguei na biblioteca expiram, podemos devolvê-los sem custo durante um "período de graça".

Geralmente é dito que o cristianismo é a religião da graça, e de fato é verdade. Cantamos sobre a graça, escrevemos poemas sobre a graça, nomeamos nossas igrejas e nossos filhos em homenagem à graça. Mesmo assim, a graça não é bem entendida e geralmente as pessoas não creem muito nela. Usamos muito a palavra, mas raramente pensamos sobre o que ela significa. Parte do nosso problema está na natureza da palavra. A graça é escandalosa. Difícil de aceitar. De crer. De receber. Todos ficamos com uma certa incredulidade quando uma atendente de telemarketing nos diz: "Não estou tentando vender nada. Só quero lhe oferecer uma viagem de graça para o Havaí". Automaticamente imaginamos "Que golpe é esse?", porque sempre fomos ensinados de que não existe almoço grátis. Yancey explica que a graça nos deixa chocados por aquilo que ela oferece. Realmente, ela não é deste mundo. Ela nos assusta por causa do que faz aos pecadores. A graça nos ensina que Deus faz pelos outros o que nunca faríamos por eles. É uma dádiva que custa tudo para quem a dá e nada para quem a recebe. É dada a quem não a merece, mal a reconhece e dificilmente a aprecia.

Jeffrey Dahmer e eu

Enquanto meditava nas palavras de Yancey, lembrei-me de uma ilustração que li pouco tempo atrás. É mais ou menos assim. Considere por um momento as ações de Jeffrey

Dahmer, o famoso *serial killer*. Após ser preso e detido, ele confessou sua fé em Jesus Cristo, ou seja, ele declarou que tinha percebido o erro de seus atos, confessou seus pecados e clamou a Jesus para obter perdão. Nunca saberemos a história completa do que aconteceu, pois ele foi espancado até a morte na prisão pouco tempo depois.

Quando pensamos em Jeffrey Dahmer e na possibilidade de que ele realmente tenha sido salvo após aqueles crimes hediondos, nossa primeira reação pode ser: "Há graça *até mesmo* para pessoas como Jeffrey Dahmer". Essa frase bem verdadeira revela, no mínimo, muito sobre nós e sobre o criminoso. Pense nestas palavras: "até mesmo". Admitimos que Deus salvaria "até mesmo" um homem como Jeffrey Dahmer. Todos nós gostaríamos de pensar que somos "melhores" do que Jeffrey Dahmer e que definitivamente não somos tão maus quanto ele. Ou que não somos tão "maus" como ele foi.

Jeffrey Dahmer e Madre Teresa

Quando as coisas começam a ficar claras, acho que este ponto deve ser considerado. Muitas pessoas religiosas são como o fariseu que orou: "Deus, eu te agradeço porque não sou como os outros — ladrões, malfeitores, adúlteros, ou mesmo como este cobrador de impostos". Ele pode também ter dito: "Graças a Deus eu não sou como Jeffrey Dahmer". Bem, é verdade. Ele não era como Jeffrey Dahmer. E ele também não recebeu a graça de Deus. Ele voltou para casa ainda com seus pecados, enquanto o detestável cobrador de impostos orou com humildade: "Deus, tem misericórdia de mim, que sou pecador" (veja Lucas 18:9-14 para ler a história contada por Jesus).

Enquanto pensar que é melhor do que os outros, você não estará pronto para ser salvo dos seus pecados porque ainda não considerou o quanto eles são grandes. Jesus não veio para salvar semipecadores, ou pecadores "parciais", ou pecadores "que não são tão maus". Enquanto sentir que precisa colocar algum tipo de adjetivo antes da palavra "pecado", você não estará pronto para se entregar a Jesus. Você não verá sua necessidade da graça de Deus.

Abordar dessa forma não é negar as reais diferenças morais entre as pessoas. Será que não existe diferença entre Jeffrey Dahmer e Madre Teresa? Claro que existe. Um deles era um assassino sádico, a outra era um instrumento da misericórdia de Deus para multidões de pessoas feridas. Nossa perspectiva, no entanto, é importantíssima. Vamos supor que jogamos Jeffrey Dahmer no poço mais fundo da Terra. Agora, vamos para o topo da Sears Tower na grande Chicago. Lá vamos olhar por cima do parapeito e zombar de Jeffrey Dahmer e nos parabenizar por estarmos acima dele. Agora, considere o que Deus vê. Do céu, Ele olha para baixo como se a Terra estivesse a trilhões de quilômetros de distância. O que acontece com a distância entre nós e Jeffrey

Dahmer? Ela desaparece do ponto de vista do Senhor. É por isso que Romanos 3:22 diz: "Não há distinção". E é por isso que o versículo seguinte diz: "pois todos pecaram e estão destituídos da glória de Deus". Estamos todos no mesmo barco — gostemos disso ou não.

Procura-se: um homem justo
Por dezesseis anos servi como pastor de uma igreja em Oak Park, Illinois. Durante um sermão em um domingo, eu disse que não havia pessoas justas em Oak Park. Absolutamente nenhuma. No sábado seguinte, uma mulher me deu aperto de mão e disse que queria me fazer uma pergunta. Eu podia dizer que ela estava profundamente preocupada com alguma coisa. "Semana passada você disse que não havia ninguém justo em Oak Park." É verdade. Eu realmente disse isso e também disse que não havia pessoas justas em nenhuma das cidades e vilas vizinhas. Fora da graça de Deus, não há justiça em nenhum lugar. Com um semblante marcado por intensa preocupação, ela perguntou: "Mas pastor Ray, se o senhor não é um homem justo, onde podemos encontrar um?".

Sua pergunta era honesta e sincera. Eu não disse o que poderia ter dito: "Se você me conhecesse como minha família me conhece, não faria essa pergunta". Pelo contrário, eu lhe disse para ouvir minha pregação e ela encontraria a resposta. Contei a história para a congregação e disse que lhes mostraria a única pessoa justa em Oak Park — ou em qualquer outro lugar. Apontando para a cruz na parede atrás do púlpito, declarei que Jesus é o único homem justo que já viveu. Comparado a Ele, eu sou Jeffrey Dahmer.

Jesus Cristo era puro, santo e perfeito em tudo. Ele nunca pecou uma vez sequer. Embora tenha sido tentado severamente, Ele nunca cedeu. Todos nós erramos tanto que não podemos ser comparados a Cristo. Ele é o único homem justo que já andou nesta terra.

E nós o crucificamos. Sua recompensa por fazer a vontade de Deus foi a morte numa cruz romana sangrenta. Aqui está a maravilha da graça em ação: do assassinato de um homem perfeito surgiu o plano de Deus para resgatar a raça humana.

Eu acho que é isso o que Philip Yancey quis dizer quando chamou a graça de "escandalosa" e "chocante". Na verdade, ela é. Para o coração humano, nenhuma doutrina é mais repugnante do que a doutrina da graça porque ela nos força a admitir que somos verdadeiramente impotentes por causa do nosso pecado.

Graça necessária
Uma das nossas maiores objeções nesse ponto envolve o fato de que não somos tão maus quanto poderíamos ser. Poderíamos ser piores. Afinal de contas, não violamos todos os Dez Mandamentos. Isso é verdade para a maioria de nós, pelo

menos no sentido literal e visível. A Bíblia, porém, diz que violar qualquer parte da lei de Deus é o mesmo que violá-la por completo. Tiago 2:10 diz: "Pois quem obedece a toda a Lei, mas tropeça em apenas um ponto, torna-se culpado de quebrá-la inteiramente". Nesse sentido, os Dez Mandamentos são como uma corrente de dez elos que vem do céu para a terra. Se você quebrar um desses elos, não importa se os outros nove estão intactos. Quebrar apenas um é como quebrar todos.

Isso aconteceu em minha casa quando nossos filhos eram crianças e eu estava cuidando dos dois mais novos enquanto minha esposa fazia compras com nosso filho mais velho. Ela acabara de sair de casa quando ouvi um som alto de estilhaços vindo do quintal. Antes mesmo de eu sequer levantar da cadeira, meu filho caçula entrou correndo e disse: "Mark quebrou o vidro da porta mosqueteira". Daí, antes de eu sair para verificar, Mark veio correndo e disse: "Não se preocupe, papai. Eu só quebrei uma parte dela." "Qual parte?" "A parte debaixo, na quina".

Quando saí para verificar, havia um buraco do tamanho do meu punho na parte inferior direita do vidro. O que aconteceu? Bem, os meninos tinham frequentado as aulas de golfe e estavam praticando os arremessos. Evidentemente, a mira de Mark não era melhor que a minha, já que ele estragou tudo e jogou a bola bem no vidro da porta. Mas ele me garantiu mais uma vez que estava tudo bem, já que ele havia quebrado só uma parte. Eu pacientemente expliquei que as coisas não funcionavam daquele jeito. Se você quebrar uma parte do vidro, é como se tivesse quebrado por completo, já que a peça inteira tinha de ser trocada.

A mesma coisa acontece com a lei de Deus. Não existe isso de ser um pecador "moderado". De estar "meio" grávida. Ou você é um pecador ou não é. Se violar qualquer parte da lei de Deus, é como se tivesse a violado por completo. Você não pode consertar a situação tentando compensar seu pecado em outras áreas. Deus não aceitará a solução. Não importa o quanto pense que é bom, você ainda precisa da graça de Deus.

Graça concedida

A Bíblia coloca desta forma: "Por causa de seu grande *amor* por nós, Deus, que é *rico* em misericórdia, nos deu vida com Cristo quando ainda estávamos mortos em nossos delitos e pecados — pela *graça* vocês são salvos" (Efésios 2:4-5). Veja bem as palavras em itálico: "amor", "misericórdia", "graça". A graça significa que enquanto estávamos completa, total e absolutamente mortos em nossos pecados, Deus decidiu tomar uma atitude para nos resgatar. Amor é Deus estender a mãos para suas criaturas em um gesto de bondade. Misericórdia é Deus reter o castigo que merecemos com razão. Pense desta forma: Imagine um reservatório gigante do amor de Deus. À medida que começa a fluir até nós, transforma-se em um rio de misericórdia. À medida que cai sobre nós, a misericórdia se torna uma torrente de graça. Aqui está uma boa maneira de se lembrar da diferença entre misericórdia e graça:

- Misericórdia é Deus não nos dar o que merecemos — o juízo.
- Graça é Deus nos dar o que não merecemos — a salvação.

A ilustração de um poderoso rio de graça fluindo para nós é bem útil, já que a graça sempre vem de Deus para o homem. A graça nunca vem de baixo para cima, mas de cima para baixo. Por definição, graça significa que Deus nos dá o que não merecemos e nunca poderíamos comprar.

Graça recebida

Como a graça é transmitida ao coração humano? Efésios 2:8-9 responde: "Pois vocês são salvos pela graça, por meio da fé, e isto não vem de vocês, é dom de Deus; não por obras, para que ninguém se glorie". A graça vem até nós pela fé, não por obras, não pela religião, nem por qualquer outra coisa que possamos pensar como uma forma de "comprar" o favor de Deus. A graça nos salva pela fé. Sem mais, sem menos. Algo em nosso interior sempre quer acrescentar algo à graça. É humilhante admitir que não podemos fazer nada para comprar nossa libertação dos pecados, mas toda vez que acrescentamos algo à graça, subtraímos seu significado.

A graça é gratuita, senão não é graça. Graça gratuita? É claro. Que outro tipo poderia ser?

A graça é a fonte, a fé é o meio e a salvação é o resultado. Ou você pode dizer que a graça é o reservatório, a fé é o canal, e a salvação é a torrente que purifica meu pecado. E tudo isso é dom de Deus, até mesmo a fé que se apodera da graça do Senhor. Até a fé não vem de nós. Ela também é dom de Deus. Nossa situação é tão desesperadora que a salvação não vem de nós mesmos. Precisamos de uma ajuda que vem de fora. Não somos salvos pelo que fazemos, mas pelo que Jesus Cristo fez por nós.

Somos salvos pela graça através da fé. Independentemente das obras. Independentemente de toda "bondade" humana. Essa salvação é dada livremente e recebida apenas pela fé.

"Você e eu, Jesus"

É difícil para as pessoas boas entenderem essa visão da graça porque ela expressa que devemos abrir mão da nossa "bondade" para sermos salvos. Devemos admitir que nada do que fizemos importa quando se trata de sermos perdoados por Deus. Como seria o céu se tivéssemos de comprar nosso caminho até lá? Seria como ir a um daqueles jantares políticos com pratos de 500 reais, onde as pessoas ficam se gabando do quanto deram para ajudar seu candidato a vencer a eleição. "Eu dei 5 mil." "E daí? Eu dei 10 mil." "Grande coisa. Eu dei 50 mil." "Saia da minha frente, seu pé rapado. Esse cara é meu. Eu o comprei por 300 mil." E assim por diante.

O céu seria exatamente assim se você tivesse que comprar seu caminho até lá. "Eu era a líder na minha igreja." "Eu gravava áudios para os cegos." "Doei um milhão de dólares para uma missão mundial." "Ajudei as velhinhas a atravessar a rua." "Troquei curativos das vítimas de queimaduras." Por mais que essas coisas sejam boas, elas não ajudarão a perdoar um pecado sequer. Elas não vão salvar ou ajudar a salvar você.

Não seria horrível passar a eternidade ouvindo gente se vangloriar do que fez para comprar a salvação? O céu não seria céu se fosse assim. Alguém colocaria o braço no ombro de Jesus e diria: "Você e eu, Jesus, conseguimos. O Senhor morreu na cruz e eu assei os biscoitos".

Quando morreu na cruz, Jesus pagou o preço por completo por nossa salvação. Não importa se você assou os biscoitos ou não. Jesus pagou o preço todo sozinho. A entrada para o céu é limitada para aqueles que confiam em Jesus Cristo — e só nele — para a salvação.

Mil pontos para entrar no céu

A história a seguir é totalmente ficção, mas mostra um ponto importante. Eis a cena: São Pedro está cuidando do balcão na entrada dos portões do céu. Chega um homem de boa aparência e bem-vestido. Quando ele toca a campainha, São Pedro diz: "Como posso ajudar?", e o homem responde: "Gostaria de ter a entrada para o céu". E São Pedro diz: "Excelente. Estamos felizes por sua chegada. Sempre queremos mais gente no céu".

Então, São Pedro diz: "Para entrar no céu, você tem que ganhar mil pontos". O homem responde: "Isso não deveria ser nenhum problema. Fui um bom homem minha vida toda. Estive envolvido em civismo. Sempre doei muito dinheiro para causas beneficentes. Fui presidente da Young Men's Christian Association (YMCA) [Associação Cristã de Moços (ACM)] por 25 anos." Enquanto escreve, São Pedro diz: "Que desempenho maravilhoso. Um ponto".

Pego de surpresa, o homem acrescenta: "Fui casado com minha esposa por 45 anos. Sempre fui fiel. Tivemos cinco filhos — três meninos e duas meninas. Sempre os amei e passei muito tempo com eles, e garanti que tivessem uma boa educação. Sempre cuidei bem deles e eles se saíram muito bem. Eu realmente fui um homem de família". São Pedro diz: "Estou muito impressionado. Não temos muita gente igual a você aqui. Mais um ponto".

Suando muito, o homem começa a tremer: "Você não entendeu. Fui ativo na minha igreja. Eu ia todos os domingos ao culto. Eu dava o dízimo e a oferta sempre que passavam a salva. Fui diácono e presbítero. Até cantava no coral.

Dei aula na Escola Dominical por 20 anos". E São Pedro diz: "Seu desempenho é com certeza admirável. Mais um ponto". Depois, ele diz: "Deixe-me somar. São um, dois, três pontos. Faltam somente 997".

Tremendo, o homem cai de joelhos. Em desespero, clama: "Mas pela graça de Deus, ninguém conseguiria entrar aqui!" São Pedro olha para ele e sorri: "Parabéns, você acabou de receber mil pontos".

Somente para pecadores

Quer ir para o céu? Você tem de chegar lá pela graça de Deus, ou não vai conseguir. A salvação começa quando o indivíduo entende que ele não pode salvar a si mesmo. Na porta do céu tem uma placa escrita: "Somente para pecadores". Se você se qualificar, pode ir para o céu.

No fim, a graça significa que ninguém é tão mau que não possa ser salvo. Será que existem pessoas verdadeiramente más lendo este capítulo? Eu tenho boas-novas para você. Deus é especialista em salvar gente muito má. Você tem algumas coisas do passado que sentiria vergonha de contar em público? Não tenha medo. Deus sabe de tudo e a graça dele é maior do que o seu pecado.

Graça também significa que algumas pessoas são "boas" demais para serem salvas. Em outras palavras, elas podem ter uma opinião muito elevada de si mesmas e acham que não precisam da graça de Deus. Elas podem admitir que são pecadoras, mas não vão admitir que estão espiritualmente mortas. Podem pensar que estão doentes por causa do pecado, mas não verdadeiramente mortas. A graça de Deus não pode ajudar até que você esteja desesperado o suficiente para admitir que precisa dela.

A Basílica da Natividade, em Belém, foi construída sobre o local famoso onde Maria deu à luz Jesus. Para chegar à igreja, você primeiro atravessa uma ampla praça e depois chega a uma entrada muito pequena. Na verdade, ela é tão pequena que é preciso abaixar-se para entrar. O acesso é propositalmente feito bem baixo porque vários séculos atrás os figurões locais gostavam de cavalgar direto para o santuário. Os padres achavam isso inapropriado, então rebaixaram a entrada para forçar os homens importantes a descerem dos cavalos antes de entrar na Basílica. Há uma lição aqui para todos nós. Se você quer ir para o céu, tem que descer do seu grande cavalo e se humilhar diante do Senhor. Do contrário, você nunca será salvo.

Isso me leva ao meu argumento final. Como você encontra a graça de Deus? Apenas peça por ela. É só isso. É realmente simples assim. Quanto mais sentir que precisa da graça, melhor candidato você será para recebê-la. Estenda suas mãos vazias e peça a Deus por sua graça. Você não será desprezado.

Nunca é tarde demais. Deus diz: "Embora os seus pecados sejam vermelhos como escarlate, eles se tornarão brancos como a neve" (Isaías 1:18). A graça desse tipo não é apenas maravilhosa, ela é chocante e realmente "de outro mundo". Somente Deus teria pensado em algo do tipo.

A graça é o cerne das boas-novas que podem mudar sua vida. E a melhor parte é que ela é gratuita. Fique ligado para mais boas notícias.

LEMBRE-SE DESTA
VERDADE

A graça nunca vem de baixo para cima, ela vem de cima para baixo. Por definição, graça significa que Deus nos dá o que não merecemos e nunca poderíamos comprar.

Aprofundando-se

Efésios 2:1-10 nos dá uma das explicações mais claras sobre a graça na Bíblia. As perguntas a seguir são baseadas nessa passagem.

1. De acordo com os versículos 1-2, quais palavras ou frases descrevem nossa verdadeira condição antes de irmos para Cristo para obtermos a salvação?

   _____
   _____
   _____
   _____

2. Os versículos 4-5 mencionam três palavras que descrevem a ação de Deus em nosso favor: amor, misericórdia e graça. Defina brevemente cada palavra relacionada a Deus.

   _____
   _____
   _____
   _____
   _____

3. Se a salvação é pela graça, e não pelas obras (versículos 8-9), por que muitos imaginam que têm de praticar boas obras para irem para o céu?

_____
_____
_____
_____
_____
_____
_____

4. Como você reage ao ensino de que não há nada que possa ser feito para salvar a si mesmo e que a salvação é um dom gratuito de Deus e deve ser recebida somente pela fé?

_____
_____
_____
_____
_____
_____
_____

CAPÍTULO 4

Um homem chamado Jesus

Quem é Jesus Cristo? Antes de responder a essa pergunta, deixe-me contar a cena. São poucos minutos depois do meio-dia no centro da Filadélfia. Você está caminhando com alguns amigos até um restaurante quando uma equipe cinematográfica aparece para uma entrevista espontânea. Para sua surpresa, as perguntas não têm nada a ver com política, economia ou sua opinião sobre a pena de morte. O repórter quer saber o que você pensa de Jesus Cristo. Quem é Ele? Enquanto você pensa numa reposta, o cinegrafista grava seu desconforto. Você não estava preparado para isso, muito menos vestido adequadamente, e agora você está sendo questionado sobre teologia enquanto seus amigos o observam a um metro e meio de distância. Alguns segundos passam enquanto você pensa nas mais diversas respostas: "Um homem bom... O Filho de Deus... Um profeta... Um rabino galileu... Um mestre da lei de Deus... A personificação do amor de Deus... Um mestre espiritual reencarnado... O maior revolucionário... O Messias de Israel... Salvador... Um homem sábio do primeiro século... Um homem como qualquer outro homem... Rei dos reis... Um mestre incompreendido... Senhor do universo... Um tolo que pensava ser o Filho de Deus... O Filho do Homem... Uma criação da igreja primitiva".

Qual resposta você daria? Antes de responder, deixe-me dizer que hoje em dia você pode encontrar pessoas que darão cada uma dessas possíveis respostas, mas isso não é novidade. Quando Jesus perguntou aos seus discípulos "Quem os outros dizem que o Filho do homem é?", eles deram quatro respostas diferentes (veja Mateus 16:13-16). Mesmo quando Jesus caminhou nesta terra, as pessoas estavam confusas acerca de sua verdadeira identidade. Alguns achavam que Ele era um profeta; outros, que era um grande líder político; e outros ainda achavam que Ele era João Batista que tinha retornado.

Uma pergunta com muitas respostas. Um homem com muitas faces.

Não basta crer em Jesus. Você deve ter certeza de que crê no Jesus certo. Em um mundo de falsificações espirituais, seu destino eterno depende de conhecer o Cristo de Deus que é revelado no Novo Testamento.

Quem é Jesus Cristo? Ou vamos tomar emprestada a frase "Poderia o verdadeiro Jesus se colocar de pé, por favor?". O único caminho de descobrir o Jesus verdadeiro é ir para a fonte original — a Bíblia. Se você gostaria de conhecer Jesus pessoalmente, aqui estão sete frases que resumem quem Ele realmente é.

1. *Ele teve uma vinda sobrenatural ao mundo*

Sabemos pelo Novo Testamento que muitos detalhes da vinda de Jesus foram preditos centenas de anos antes de seu nascimento. O profeta Isaías profetizou que Ele nasceria de uma virgem (Isaías 7:14), e um outro profeta, chamado Miqueias, identificou seu local de nascimento em Belém (Miqueias 5:2). Gálatas 4:4 diz que Ele veio "na plenitude do tempo", o que significa que Deus organizou as circunstâncias para que Cristo nascesse exatamente no momento e do modo certo. O grande credo da igreja usa esta frase para descrever seu nascimento: "Concebido pelo Espírito Santo e nascido da virgem Maria". Embora sempre falemos do "nascimento virginal", o verdadeiro milagre aconteceu nove meses antes de Belém, quando o Espírito Santo encobriu Maria com sua sombra e gerou dentro de seu útero a pessoa divina-humana do Senhor Jesus Cristo. O fato de ter nascido de uma virgem significa que Ele teve uma mãe terrena, mas não um pai. Nenhum outro indivíduo jamais nasceu assim.

2. Ele era Deus em carne humana

Os cristãos usam a palavra "encarnação" para descrever essa verdade. Isso significa que quando Cristo foi concebido em Maria, o Deus Filho assumiu a forma humana. Embora fosse Deus, Ele acrescentou a humanidade sem subtrair sua divindade. Jesus não era metade Deus e metade homem, mas totalmente Deus e totalmente homem, duas naturezas unidas em uma única pessoa. Ele era totalmente humano em todos os aspectos, embora sem pecado. João 1:14 diz que "a Palavra tornou-se carne e viveu entre nós". Hebreus 1:3 diz que Jesus é "o resplendor da glória de Deus e a expressão exata do seu ser". A primeira frase significa que Cristo é o "brilho" de Deus. Ele é para Deus o que os raios de luz são para o Sol. A segunda frase significa que Jesus Cristo traz consigo a marca exata da natureza divina — como um cunho estampado em um pedaço de metal. Quando nasceu, foi chamado Emanuel, "Deus conosco". Jesus era o Filho de Deus e o Deus Filho. É por isso que quando o apóstolo Tomé finalmente viu Cristo ressuscitado, ele se prostrou e clamou "Senhor meu e Deus meu!" (João 20:28).

3. Ele é o padrão da justiça absoluta

Quando caminhou sobre a terra, Jesus era perfeitamente justo. Isso aborda os dois polos de seu caráter, como uma pilha. No polo negativo, Cristo nunca pecou em pensamento, palavras ou ações. Ele é o único ser perfeito que já viveu.

Todos nós ficamos muito aquém da perfeição, mas não Jesus. Hebreus 4:15 diz que Jesus "passou por todo tipo de tentação, porém, sem pecado". Ele não pecava exteriormente porque não pecava internamente. Jesus era sem erro e sem maldade. Jamais teve um pensamento mau, nem disse uma palavra má, nem cometeu um único ato maldoso. Nunca trapaceou, nunca mentiu, nunca procrastinou, nunca ficou amargurado, nunca perdeu a paciência, nunca cobiçou, nunca buscou uma saída fácil para uma situação difícil, nunca distorceu a verdade para parecer um homem bom, nunca amaldiçoou, nunca abandonou seus amigos, nunca quebrou nenhuma lei de Deus e nunca se desviou nem um pouco do caminho da vontade do Pai. De todos os bilhões de pessoas que já viveram no planeta Terra, Ele é o único que posso verdadeiramente dizer que jamais pecou em palavras, pensamentos ou ações. Não há um indício sequer de contaminação moral em seu nome.

No polo positivo, significa que Jesus cumpriu perfeitamente a lei de Deus. Ele viveu uma vida de perfeita santidade, perfeita pureza, perfeita compaixão, perfeita verdade e perfeita bondade. Assim como Adão pecou e toda a humanidade foi junto com ele, Cristo, por sua obediência a Deus, comprou a salvação para todos aqueles que o seguem. Ele foi bem-sucedido naquilo que nós falhamos e obedeceu quando nós rebelamos. Através de sua vida perfeita, Jesus cumpriu tudo que Deus exigiu de nós.

4. Ele fez coisas que só Deus pode fazer
Jesus deu declarações maravilhosas e depois as confirmou com ações maravilhosas. Ele sempre declarava sua igualdade à Deus. "Eu e o Pai somos um" (João 10:30). Ele também disse: "Quem me vê, vê o Pai" (João 14:9). Jesus falava com autoridade divina. "Eu sou a água viva"; "Eu sou a luz do mundo"; "Eu sou o caminho, a verdade, e a vida." Ele até declarou sua habilidade de ressuscitar os mortos (João 5:25) e provou o fato ressuscitando Lázaro (João 11:38-43).

As pessoas que estão apenas vagamente familiarizadas com Jesus tendem a subestimar essa parte de seu ensinamento. Elas gostam de rotulá-lo como um grande mestre da moral ao mesmo tempo em que desconsideram suas (para eles) reivindicações mais bizarras. No entanto, como observou o professor britânico e autor cristão C. S. Lewis, uma pessoa que falasse como Jesus falava, se não fosse quem dizia ser, não seria um bom professor. Pelo contrário, seria alguém mentiroso, ou um lunático, ou um diabo do inferno ou coisa pior. Você não pode ter Jesus sem lidar com as afirmações dele a respeito de sua própria divindade.

Jesus confirmou suas declarações ao demonstrar várias vezes seu poder sobre as forças da natureza, sobre a enfermidade e sobre a morte. Ele até declarou o poder de perdoar pecados (Mateus 9:2). Foi isso que inicialmente o colocou em apuros diante dos líderes judeus. Eles viram Jesus afirmar corretamente ser Deus, mas tiraram a conclusão errada.

Jesus declarou perdoar os pecados porque de fato era o Deus que se fez carne.

5. Ele morreu como sacrifício pelos nossos pecados

A história da vida terrena de Jesus termina assim. Embora fosse inocente de qualquer transgressão, Jesus foi crucificado como um criminoso. Pôncio Pilatos, o governador romano, declarou três vezes: "Não acho nele motivo algum de acusação" (João 18:38; 19:4,6).

A Bíblia diz que Cristo morreu como justo pelos injustos, inocente pelos culpados, bom pelos maus. Ele morreu como sendo nosso substituto, assumindo nosso lugar, levando nosso castigo, carregando nossos pecados em seu próprio corpo. "Pois também Cristo sofreu pelos pecados uma vez por todas, o justo pelos injustos, para conduzir-nos a Deus" (1Pedro 3:18). Ele pagou com seu próprio sangue todo o preço pela nossa desobediência. Assim, preencheu completamente as demandas justas de Deus e possibilitou Deus ser misericordioso aos pecadores que vêm até Ele em nome de Jesus. Pela a morte dele somos libertos da pena do pecado para sempre.

6. Ele provou suas declarações ao ressuscitar dos mortos

Em muitas discussões com seus discípulos, Jesus profetizou abertamente sua morte e ressurreição. Em João 10:17b, declarou: "porque eu dou a minha vida para retomá-la". Nada do que aconteceu foi surpresa. Ele sabia de tudo e viu tudo com antecedência. No final da tarde da Sexta-Feira Santa, seus discípulos tiraram cuidadosamente seu corpo da cruz. Enrolando-o em faixas funerárias, colocaram seu cadáver em um túmulo emprestado não muito longe do Gólgota, o lugar onde Ele morrera. No sábado, os romanos, os judeus e os discípulos concordavam em um único ponto: Jesus estava realmente morto. Devido ao medo de alguém violar o túmulo e roubar o corpo, um esquadrão da elite de soldados romanos montou guarda em seu túmulo, que foi selado e fechado com uma pedra enorme.

Isso foi no sábado. Bem cedo, na manhã de domingo, quando Maria e as outras mulheres foram ao túmulo, elas planejavam ungir seu cadáver, mas encontraram os soldados inconscientes no chão, o selo quebrado, a pedra rolada e os anjos guardando a entrada. Estes anunciaram que Jesus tinha ressuscitado dos mortos. "Por que vocês estão procurando entre os mortos aquele que vive? Ele não está aqui! Ressuscitou!" (Lucas 24:5-6). As mulheres ficaram confusas e com medo, e relataram aos outros discípulos que o túmulo estava vazio. Naquele dia mais tarde, e muitas outras vezes nos próximos quarenta dias, Jesus apareceu fisicamente aos seus discípulos e também para quinhentas pessoas. Então Ele ascendeu aos céus, onde está agora assentado à direita do Pai.

Após dois mil anos, os céticos jamais deram uma resposta satisfatória à questão: O que aconteceu com o corpo de Jesus? Ninguém jamais encontrou seu corpo morto porque no domingo de Páscoa ele não estava mais morto. Não existe outra resposta mais razoável do que esta: Jesus Cristo ressuscitou dos mortos de forma verdadeira, literal e física. E desde aquele dia a igreja cristã tem feito da ressurreição o pilar da mensagem do evangelho.

A ressurreição de Jesus é essencialmente importante porque prova que Ele realmente é o Filho de Deus e que tudo o que disse é verdade. Ninguém mais voltou dos mortos para nunca mais morrer. Isso significa, no sentido mais profundo, que Jesus está vivo, e é por isso que você pode conhecê-lo pessoalmente. Por estar vivo, Ele dá a vida eterna aos que confiam nele. E por ter vencido a morte, os que confiam nele não precisam temê-la, pois têm a garantia de que irão para o céu para estarem com Ele quando morrerem. Quando Jesus voltar, os corpos dos que creram serão ressuscitados dos mortos. Tudo isso é garantido ao cristão porque Cristo ressuscitou dos mortos.

7. *Ele voltará um dia para a terra*

Com esse fato final, vamos de um passado distante para um futuro não muito distante. Há ainda mais um acontecimento na "carreira" de Jesus Cristo. Ele voltará um dia para a terra. Ele prometeu voltar — "voltarei" (João 14:3) — e vai cumprir essa promessa. Ele virá assim como subiu aos céus — visível e fisicamente. "Este mesmo Jesus, que dentre vocês foi elevado aos céus, voltará da mesma forma como o viram subir" (Atos 1:11b). Sua vinda não é simplesmente espiritual, mas real e literal. É realmente uma ideia estarrecedora. O mesmo Jesus que nasceu em Belém andou nesta terra, morreu numa cruz, ressuscitou dos mortos e subiu aos céus está voltando. A figura real e histórica que viveu há dois mil anos do outro lado do mundo está voltando à terra mais uma vez. Embora ninguém saiba o dia e a hora, o fato de sua vinda é certa.

O Cristo de que precisamos

Vamos agora encerrar este capítulo com uma simples ideia. Somente o Cristo revelado nas páginas das santas Escrituras pode nos salvar. Contudo, o Jesus da Bíblia não é o único "Jesus" no mercado das ideias. Estar quase certo a respeito de Cristo é estar totalmente errado. Por quê? Porque não somos salvos pelas boas opiniões sobre Jesus. Não somos salvos porque Ele nos passa uma boa impressão. Não somos salvos porque gostamos de seu ensinamento moral. Somos salvos por confiar em tudo o que Jesus realizou por nós em sua vida obediente, sua morte sacrificial e sua ressurreição física dentre os mortos.

Tropa de elite

Nunca me esqueci de um policial militar que conheci enquanto morei na Califórnia. Ele tinha sido um policial *a la* tropa de elite. Era homem com H maiúsculo. Tinha visto o lado negativo da vida, e isso o deixou exausto e cético. Antes de ser policial, serviu o exército no Vietnã e havia visto coisas horríveis. Eu acho que foi isso que o fez viver "no limite".

Esse homem morava do outro lado da rua da igreja onde eu servia como pastor, e seus filhos de vez em quando iam à escola dominical — e ele e sua esposa às vezes apareciam para um culto de adoração. Ao longo dos meses, iniciamos uma amizade — principalmente porque ele contou as histórias mais incríveis que já ouvi na vida. Ele é o que eu chamaria de um "observador". Por muito tempo, esse homem me fez uma pergunta após a outra sobre a Bíblia e Jesus Cristo, não de modo hostil ou negativo, mas sinceramente procurando a verdade. Ele queria saber se podia confiar na Bíblia e se Jesus realmente era quem dizia ser.

Um dia, ele veio para comermos em um restaurante ralé onde serviam os melhores tacos da cidade. "Deixe-me contar o que aconteceu comigo", disse ele. E passou a me dizer que depois de investigar cuidadosamente todos os fatos, ele recentemente havia confiado em Jesus Cristo como Senhor e Salvador. "Enquanto eu lia a Bíblia, de repente algo me atingiu: 'Isso tudo é verdade!'", declarou. Jamais esquecerei da descrição do que aconteceu com ele. "Senti como se um piano de cauda fosse tirado das minhas costas."

É isso que significa ter um encontro real com o Cristo da Bíblia. O peso do pecado é retirado das costas. A culpa se dissipou porque seus pecados tinham sido perdoados.

Se Jesus é quem Ele disse que é, não há verdade mais digna de seu tempo e nenhuma pessoa mais importante para conhecer. A igreja cristã é composta de homens e mulheres que confessam uma verdade revolucionária — que Jesus de Nazaré é o Filho do Deus vivo. E até crer e confessar essa verdade, você não pode ser chamado de cristão. Não importa que você tenha impressões positivas sobre Jesus ou que pense que Ele era um homem muito bom. Você não é cristão até confessar que Jesus é o Salvador enviado do céu, o Filho do Deus vivo.

Terminamos este capítulo onde começamos — com a pergunta mais importante: Quem é Jesus Cristo? Um bom homem? Um grande mestre? Um dos camaradas mais bacanas que já pisou na face desta Terra? Ou Ele é o Filho do Deus vivo que veio para ser nosso Salvador?

Quem é Jesus Cristo? Tire um tempo pensando como responderia a essa pergunta. Sua resposta determina seu destino eterno.

LEMBRE-SE DESTA
VERDADE

Se Jesus é quem Ele disse que é, não há verdade mais digna de seu tempo e nenhuma pessoa mais importante para conhecer.

Aprofundando-se

1. De que maneiras Jesus é diferente de todos os outros líderes religiosos na história? Qual evidência sustenta as declarações estarrecedoras que Ele fez de si mesmo?

   _____
   _____
   _____
   _____
   _____
   _____

2. Qual é a principal pedra de tropeço que impede as pessoas de crer que Jesus era Deus encarnado? Se você pessoalmente não crê ou não tem certeza de que Jesus era e é verdadeiramente Deus, como explicar o que Ele disse e fez?

   _____
   _____
   _____
   _____
   _____
   _____

3. Quais são as implicações para toda a humanidade se Jesus é verdadeiramente Deus?

_____
_____
_____
_____
_____

4. Se Jesus é quem Ele diz ser, quais são as implicações de rejeitar essa verdade (João 8:24)?

_____
_____
_____
_____
_____

5. Quais declarações Jesus fez sobre si mesmo?
    a. Eu sou o _____ da vida (João 6:48).
    b. Eu sou a _____ do mundo (João 8:12).
    c. Eu não sou _____ (João 8:23).
    d. Eu sou o bom _____ (João 10:11).
    e. Eu sou a _____ e a _____ (João 11:25).
    f. Eu sou o _____, a _____ e a _____ (João 14:6).

CAPÍTULO 5

Está consumado

Manhã de sexta-feira em Jerusalém. Outro dia quente de abril. A morte está no ar. O boato se espalhou para todos os cantos da cidade. Os romanos planejam crucificar alguém hoje.

Uma multidão se reúne ao norte da cidade. Do lado de fora do portão de Damasco há um lugar chamado Gólgota. Os romanos gostam da ideia porque o monte fica ao lado da estrada principal. Assim, muitas pessoas podem ver as crucificações feitas lá. Nesse dia, mais gente se reuniu além do habitual. Elas vieram do mórbido fascínio humano com o bizarro. O próprio horror da crucificação atrai o povo para o Gólgota.

Esse dia parece como qualquer outro, mas um homem chamado Jesus está sendo crucificado. O boato se espalha como um incêndio. Sua reputação o precedia. Ninguém está neutro nessa questão. Alguns creem, muitos duvidam e alguns o odeiam.

Três horas de trevas

A crucificação começou às nove horas em ponto. Os romanos eram pontuais com essas coisas. A princípio a multidão é desordeira, barulhenta, estridente, turbulenta, como se fosse algum tipo de evento atlético. Eles torcem, riem, gritam, apostam quanto tempo os homens que estão sendo crucificados vão aguentar. Parece que o homem no meio não vai durar muito tempo. Ele já foi surrado seriamente. Na verdade, parece que quatro ou cinco soldados se revezaram ao chicoteá-lo. Sua pele em frangalhos está dependurada de suas costas, seu rosto está machucado e inchado, seus olhos estão quase fechados. O sangue escorre de uma dúzia de feridas abertas. É uma visão horrível de contemplar.

Há vozes vindas das três cruzes, uma espécie de conversa rouca feita acima do barulho da multidão. Algumas palavras cruzam o ar. Algo como "Pai, perdoa-lhes", e como "Se tu és o Filho de Deus", e depois uma promessa do paraíso. Finalmente, Jesus vê sua mãe e fala com ela.

Então acontece. Ao meio-dia "as trevas sobrecaem em toda a terra". Acontece tão de repente que assusta a todos.

Em um momento, o Sol brilha sobre as cabeças; no outro, desaparece. Não é um eclipse nem uma grande nuvem negra. São trevas, densas, negras como tinta que sabrecai como um véu na terra. São trevas sem um sinal sequer de luz. É uma escuridão arrepiante que coagula o sangue e congela a pele.

Ninguém se mexe. Ninguém fala. Pela primeira vez, até os soldados profanos param de praguejar. Nenhum som quebra o silêncio sobre o Gólgota. Está acontecendo algo assustador. É como se alguma força maligna dominasse a terra e estivesse, de alguma forma, exalando trevas. Você quase pode tocar o mal ao seu redor. De algum lugar profundo da terra há um som como uma gargalhada subterrânea sinistra. É a risada do inferno.

As trevas duram três longas horas: 12:30 — ainda está escuro. 1:15 — ainda está escuro. 2:05 — ainda está escuro. 2:55 — ainda está escuro. 3:00 da tarde. E assim como repentinamente vieram, as trevas desapareceram. Agora há vozes e gritos. As pessoas coçam os olhos para se habituarem de novo à luz do Sol. O pânico está estampado em muitos rostos e confusão em outros. Um homem se inclina para seu amigo e grita: "Pelo amor de Deus, o que está acontecendo aqui?".

Mortalmente ferido

Todos os olhos se concentram na cruz do meio. É obvio que o fim está próximo. Jesus está à beira da morte. Seja lá o que tenha acontecido nessas três horas de escuridão, isso o levou às portas da morte. Sua força está quase acabando e seu sofrimento também. Seu peito ofega a cada respiração dolorosa; seus gemidos agora são apenas sussurros. Instintivamente, a multidão se aproxima para ver seus últimos momentos.

Uma olhada na cruz do meio deixa claro que esse homem chamado Jesus não vai durar muito tempo. Ele já parece morto. Os soldados sabem, pelos anos de experiência, que Ele não passará do pôr do sol.

Então acontece. Ele grita: "Meu Deus! Meu Deus! Por que me abandonaste?". Alguém na multidão grita de volta para Ele. Momentos se passam, a morte se aproxima, então há um sussurro rouco. "Tenho sede." Os soldados colocam um pouco de vinagre em uma esponja e levam até seus lábios em um talo de hissopo. Ele umedece os lábios e respira fundo. Se prestar atenção, poderá ouvir o chiar da morte em sua garganta. Jesus tem menos de um minuto de vida.

Então, Ele fala novamente. É um breve brado. Apenas duas palavras. Se não estiver prestando atenção, você deixa esse detalhe passar em toda a confusão. Jesus expira outra frase. Ele está morto.

O que é esse brado? "Está consumado!" (João 19:30).

Na língua original do Novo Testamento, essa frase vem de uma palavra que significa "acabar, completar, realizar". É uma palavra crucial porque significa o fim adequado de uma determinada ação. É a palavra que você usaria ao atingir o pico do Monte Everest. É a palavra que usaria ao entregar a versão final de sua dissertação. É a palavra que usaria ao pagar a última parcela do seu carro novo. É a palavra que usaria ao cruzar a linha de chegada da sua primeira corrida de 10 quilômetros. A palavra significa mais do que simplesmente "eu sobrevivi". Significa "eu fiz exatamente o que me propus a fazer".

"Está consumado" foi o brado final de vitória do Salvador. Quando morreu, Ele não deixou nenhum problema inacabado para trás. Quando disse: "Está consumado", Ele estava falando a verdade.

Tudo pago
Na língua grega, a frase "Está consumado" também significa "tudo pago". Uma vez que alguma coisa é paga, você nunca mais precisa pagar por ela novamente. Esse fato aconteceu comigo vários anos atrás quando visitamos alguns amigos no oeste de Colorado. Quando liguei para o administrador e disse que estaríamos passando por sua região, ele disse que ficaria feliz em nos hospedar. Presumi que dormiríamos nos sofás — e estava tudo bem para nós —, mas quando liguei para ele do sul de Utah para avisá-lo que chegaríamos em três ou quatro horas, ele disse que tinha um quarto para nós no hotel local — o Back Narrows Inn. Eu pensei que ele estava brincando, mas estava falando sério. "Nossa casa não

é muito grande" — eles haviam se mudado desde que chegamos aqui alguns anos atrás —, "então vamos hospedar você no hotel". Quando protestei, ele disse: "Não se preocupe. Combinei com o proprietário e já cuidei da conta". Era isso. Estávamos hospedados no hotel, e ele estava pagando. E nada que eu pudesse dizer faria a menor diferença.

Chegamos ao Back Narrows Inn por volta das dez da noite e vimos que era um pequeno prédio da virada do século, que havia sido convertido em um hotel com quinze ou vinte quartos. Quando chegamos, o proprietário nos cumprimentou, entregou nossas chaves e disse: "Seu amigo já providenciou tudo". De fato ele providenciou. Nem precisamos fazer o *check-in*. Sem cartões de crédito, sem preencher papéis, sem "Débito ou crédito, senhor?". Nada disso foi necessário porque meu amigo pagou tudo pessoalmente. O que nos restava era aproveitar nossos quartos que foram providenciados gratuitamente em virtude da hospitalidade de um amigo. Não consegui pagar porque meu amigo já havia pago antes. Tentar pagar por conta própria seria insultar meu amigo e duvidar que ele realmente pagara alguma coisa.

Por que Jesus teve de morrer?

Vários anos atrás, um apresentador de *talk show* listou as várias razões pelas quais ele se desiludiu com o cristianismo. Entre elas estava o seguinte: "Como pode um Deus onisciente e amoroso permitir que seu Filho seja assassinado em uma cruz para redimir meus pecados?". Essa é uma excelente pergunta porque aborda o cerne do evangelho. Muitas pessoas ouvem o evangelho e se perguntam por que Jesus teve de morrer. Como poderia um Deus onisciente e amoroso permitir que seu Filho fosse assassinado na cruz para redimir pecadores culpados? Na busca pela resposta, isso me ajuda a pensar em outra pergunta: Visto que Deus é Todo-poderoso e infinitamente gracioso, por que Ele simplesmente não ofereceu perdão a qualquer um que dissesse "Perdoa-me"? Muitas pessoas secretamente pensam que é isso o que Deus deveria ter feito, pois assim elas não teriam de lidar com o "constrangimento" por Deus matar seu próprio Filho. A solução para o dilema é essa.

Do ponto de vista humano, Deus tinha um problema. Por Deus ser santo, Ele não pode permitir que o pecado fique impune. Sua justiça exige que todo pecado seja punido, não importa o quanto possa parecer pequeno para nós. Se perdoasse o pecado sem a devida punição, Ele deixaria de ser santo e justo. Deus não seria mais Deus porque teria negado seu próprio caráter. Isso não poderia acontecer. Todas os pecados contra Deus devem ser punidos. É por isso que os pecadores não podem simplesmente dizer "Perdoa-me" e serem perdoados imediatamente. Alguém tem de pagar o preço.

Geralmente vemos esse princípio ativo na família. Por descuido, ou talvez por desobediência deliberada, um menino de cinco anos quebra uma lâmpada cara na sala. Percebendo o que fez, ele pede desculpas ao pai e à mãe e promete nunca mais fazer isso. Os pais perdoam o filho, mas a lâmpada ainda está quebrada. Alguém tem de pagar pela lâmpada.

Seguimos esse mesmo princípio em nosso sistema de justiça criminal. Suponha que um homem seja considerado culpado por roubar 700 mil de seu patrão. Pouco antes da sentença final, ele se apresenta ao juiz, confessa seu crime, implora por misericórdia e promete nunca mais roubar dinheiro. Como você reagiria se o juiz aceitasse o pedido de desculpas e libertasse o homem sem nenhuma punição? E se, em vez disso, o homem tivesse sido condenado por estupro e depois solto sem punição, simplesmente porque se desculpou? E se ele se desculpasse por assassinar um pai e uma mãe na frente das crianças — e o juiz o libertasse? Suponha que um terrorista se infiltre em uma instalação militar e abra fogo, matando dezenas de soldados. E suponha que no julgamento ele admita seu crime e peça desculpas. O que faríamos se o juiz o soltasse com base na promessa do terrorista de nunca mais cometer o mesmo erro? Nós colocaríamos aquele juiz na cadeia e jogaríamos a chave fora.

Mesmo nesta vida, um preço deve ser pago por quebrar a lei. O mesmo é verdade no reino espiritual. "Pois o salário do pecado é a morte" (Romanos 6:23a). Quando o pecado não é punido, não parece ser pecado. O "problema" de Deus era elaborar um plano de salvação pelo qual Ele permaneceria santo e justo e ainda forneceria um meio de perdoar os pecadores culpados. Em algum lugar e de alguma forma, deveria haver um lugar onde a graça e a ira pudessem se encontrar. Esse lugar é a cruz de Cristo.

Vamos voltar ao apresentador de *talk show* por um momento. Ele fez uma segunda pergunta que merece uma resposta: "Se Deus, o Pai, é tão 'amoroso', por que Ele mesmo não veio e morreu no Calvário?". A resposta é: Ele veio! Deus veio a esta terra na pessoa de seu Filho, o Senhor Jesus Cristo, e morreu por nossos pecados.

Deus é um Deus de amor e, portanto, quer perdoar os pecadores. Mas Ele também é um Deus de santidade que não deve e não pode ignorar o pecado. Como, então, Deus poderia amar os pecadores sem fazer vista grossa pelos pecados? Ninguém jamais teria sonhado com sua resposta. Deus enviou seu próprio Filho para morrer pelos pecadores. "Mas Deus demonstra seu amor por nós: Cristo morreu em nosso favor quando ainda éramos pecadores" (Romanos 5:8). Dessa forma, a justa punição pelo pecado foi totalmente cumprida na morte de Cristo, e os pecadores que confiam nele poderiam ser perdoados. Só Deus poderia ter feito algo assim.

Pense nisso. Na morte deste homem, o preço do pecado foi totalmente pago — passado, presente e futuro. Como resultado, aqueles que creem em Jesus descobrem que seus pecados se foram para sempre.

Esta é realmente uma boa notícia: A santidade de Deus exige que o pecado seja punido. A graça de Deus provê o sacrifício. O que Deus exige, Ele supre. Assim, a salvação é uma obra de Deus do começo ao fim. É concebida, provida e aplicada por Ele.

Dê nome ao seu pecado

Deixe-me fazer uma pergunta pessoal. Qual pecado está afastando você de Deus neste momento? A ira? A luxúria? Um coração endurecido pela incredulidade? O abuso de álcool? Um temperamento incontrolável? A trapaça? A jogatina? O roubo? O adultério? O aborto? O orgulho? A ganância?

Deixe-me contar a melhor notícia que você já ouviu. Não importa qual seja o "seu" pecado. Não importa quantos pecados você acumulou na vida. Não importa o quanto pense que é culpado. Não importa o que você fez nesta semana. Não importa o quanto você tenha sido mau. Não importa quantos esqueletos há em seu guarda-roupa.

Quando você vem a Cristo, descobre que todos os seus pecados foram carimbados por Deus com esta frase: *Tudo pago*.

Raiva? Tudo pago.
Ambição descontrolada? Tudo pago.
Fofoca? Tudo pago.
Embriaguez? Tudo pago.

Fornicação? Tudo pago.
Roubo? Tudo pago.
Mentira? Tudo pago.
Desobediência? Tudo pago.
Preguiça? Tudo pago.
Orgulho? Tudo pago.
Assassinato? Tudo pago.
Suborno? Tudo pago.

Esses são apenas alguns exemplos. Preencha o espaço em branco com quaisquer pecados que afligem sua vida. Através do sangue de Jesus Cristo, o preço pelos *seus* pecados foi totalmente pago.

Duas frases simples
Deixe-me resumir o que isso significa em duas frases simples:

Primeiro, uma vez que Jesus Cristo pagou tudo, a obra da salvação agora está completa. É isso que significa a frase de Jesus "Está consumado". A dívida foi paga, a obra foi feita, o sacrifício foi concluído. Isso significa que quando Jesus morreu, Ele morreu uma vez para sempre. O sacrifício foi suficiente para pagar pelos pecados de todas as pessoas que já viveram — no passado, no presente ou no futuro. Hebreus 7:25 diz que Jesus é "capaz de salvar definitivamente aqueles que, por meio dele, se aproximam de Deus". A palavra "completamente" tem a ideia de "totalidade" e "para sempre". Significa que a obra da salvação foi totalmente realizada por Jesus Cristo.

Isso explica o que os cristãos querem dizer quando falam sobre a "obra consumada" de Jesus Cristo. Não é apenas um *slogan*; é uma profunda verdade espiritual. O que Jesus realizou com sua morte foi tão maravilhoso, tão total, tão completo que nunca poderia ser repetido. Nem mesmo pelo próprio Jesus. Sua obra está "consumada". Não há mais nada que Deus possa fazer para salvar a raça humana. Não existe um plano B. O plano A (a morte de Cristo) foi suficiente.

Em segundo lugar, uma vez que Jesus Cristo pagou tudo, todos os esforços para acrescentar qualquer coisa ao que Cristo fez na cruz estão destinados ao fracasso. Deixe-me colocar de forma muito simples. Se Jesus pagou tudo, você não precisa pagar nada. Se tentar pagar sua salvação, isso significa que você não acha que Ele pagou tudo. Não há meio termo entre essas duas propostas. É por isso que ir à igreja, obedecer aos Dez Mandamentos, aumentar seus estudos, fazer boas obras, dar dinheiro aos pobres, ser batizado, melhorar de vida, virar uma nova página, ser uma boa pessoa, dedicar-se ao seu casamento, criar filhos bons e tentar fazer o seu melhor pode ser uma armadilha. Essas coisas, por mais bem-intencionadas que sejam, não podem acrescentar nada ao valor do que

Jesus realizou em sua morte na cruz. Elas não vão ajudá-lo a dar nem mesmo um pequeno passo em direção a Deus. No fim, ou foi tudo pago por Jesus ou nada feito.

Deus não está tentando vender sua salvação. Ele não está oferecendo a salvação pela metade do preço. Ele não está oferecendo a salvação em prestações. Ele não está oferecendo salvação de modo que Jesus paga parte do valor e você paga o resto. Deus está oferecendo a você a salvação gratuitamente. Jesus pagou tudo para que você não tivesse de pagar nada. Jesus não deixou nenhum assunto inacabado para trás. Ele terminou o que veio fazer. Se você confiar nele, descobrirá que, ao terminar a obra dele Jesus pagou todo o preço pelo seu pecado.

LEMBRE-SE DESTA
VERDADE

O que Jesus realizou com sua morte foi tão impressionante, tão abrangente, tão completo que jamais poderia ser repetido, nem mesmo pelo próprio Jesus.

Aprofundando-se

1. Leia Romanos 5:7. Por quantas pessoas você daria a vida agora sem piscar? Romanos 5:8 diz que enquanto estávamos mortos, Cristo morreu por nós.

2. De acordo com Hebreus 9:22, o que é necessário para ter o perdão dos pecados?

3. O que são nossas boas obras até mesmo aos olhos de Deus? (Isaías 64:6)

4. De acordo com Hebreus 9:22, o que é necessário para ter o perdão dos pecados?

5. O que o sangue de Jesus Cristo faz por nós? (1João 1:7)

CAPÍTULO 6

A grande troca

Como está seu crédito com Deus? Se Deus é o grande credor, você está "no vermelho" ou "no azul" na conta dele?

Essa pergunta me veio à mente um dia enquanto eu abria minha caixa do correio. Enquanto eu separava os envelopes em duas pilhas, parecia que tudo o que recebemos naquele dia eram contas de cartão de crédito ou uma carta convite para adquirir mais cartões. Algumas cartas eram bastante sedutoras. Taxas de juros baixas, oportunidade de obter mercadorias "grátis" e descontos superespeciais em certos itens que eu provavelmente não compraria por preço algum.

Vamos levar o contexto para o plano espiritual. Quanto crédito você tem com Deus? A Bíblia oferece uma resposta surpreendente para essa pergunta. Todos nascemos espiritualmente falidos e passamos a vida sacando de uma conta que já estava há muito tempo "no vermelho". No entanto, devido ao que Cristo realizou na cruz, Deus permite que os pecadores falidos que não têm esperança de credibilidade "tomem emprestado" o que precisam baseado no crédito ilimitado de seu Filho no céu. Assim, Deus paga o débito de uma vez por todas! Romanos 4 narra como podemos tirar nossa vida da dívida espiritual e acabar no lado positivo do livro de contabilidade.

O cerne do evangelho

Por fim, chegamos a este capítulo no cerne das boas-novas. Já vimos que quando Jesus morreu, Ele pagou tudo pelos nossos pecados, mas como isso se aplica em nós? A resposta é que Deus justifica gente perversa que confia nele. Romanos 4:5 coloca da seguinte forma: "Todavia, àquele que não trabalha, mas confia em Deus, que justifica o ímpio, sua fé lhe é creditada como justiça". Aqui aprendemos que Deus justifica (declara justo) gente perversa que confia nele. Ele credita suas contas no céu na justiça de Jesus Cristo. Dessa forma, os culpados são absolvidos baseados naquilo que Jesus Cristo fez quando morreu na cruz e ressuscitou dos mortos.

Por que trabalhar não funciona?

Começamos com uma frase estarrecedora. Quando Deus absolve o culpado, Ele primeiro encontra um indivíduo que não está trabalhando para sua absolvição. Romanos 4:5 diz que Deus justifica "àquele que não trabalha". Deus procura por gente que não trabalha para obter o que precisam. Diante disso, é uma frase incrível. A maioria de nós foi educada para acreditar que nada é realmente de graça na vida. Você recebe pelo seu trabalho. Trabalhe duro e será recompensado no fim do dia. Se você não trabalhar, não vai sair do lugar. Tão certo como é a vida diária, não é verdade em relação à salvação eterna. Para que Deus salve você, precisa parar de trabalhar para ter a salvação.

Muitas pessoas (a maioria, na verdade) seguem este lema: "Obtemos nossa salvação à moda antiga. Nós a compramos". Contudo, a salvação de Deus não é um kit de "faça você mesmo". Se você quer ir para o céu, o primeiro passo é tentar parar de comprar o seu caminho para lá. Se quiser ser salvo, você tem de "parar de trabalhar" e "começar a confiar". Escreva em letras maiúsculas. Quando se trata de salvar sua alma, TRABALHAR NÃO FUNCIONA!

O que Deus quer de nós

Se Deus não quer nosso "trabalho", o que Ele quer de nós, afinal? Ele quer que confiemos nele. Só isso. Nada mais, nada menos, nada além. No Novo Testamento, os termos "fé", "confiança" e "crença" vêm da mesma raiz, que significa "apoiar-se totalmente sobre", quando se deita em uma cama colocando todo o seu peso nela. Devemos confiar totalmente em Deus para que o aceitemos em sua Palavra para nossa salvação. É por isso que Romanos 4:5 diz que Deus justifica "àquele que não trabalha, mas confia em Deus".

Uma distinção crucial deve ser feita. Dizer que devemos confiar em Deus não significa que nossa fé é algo vindo de nós mesmos. A fé não é uma obra que "merece" a salvação. A fé é a *condição*, e não a *base* da salvação. A nossa fé não pode nos salvar, a menos que esteja baseada na pessoa do Senhor Jesus Cristo que morreu pelos nossos pecados.

O que é a fé? A fé é uma janela aberta que deixa a luz do Sol entrar. De onde vem a luz? Do Sol, e não da janela. A janela simplesmente deixa a luz entrar. Pela fé abrimos a janela do nosso coração para a luz do evangelho brilhar sobre nós. A fé olha para a cruz e diz: "Jesus Cristo morreu por mim". A fé clama a Deus: "Tem misericórdia de mim que sou um pecador, em nome de Jesus". E Deus ouve sempre essa oração.

"Inocente!"

A palavra "justificar" significa declarar "justo". É um termo legal que se refere ao veredicto final no qual um juiz declara que um acusado "não é culpado" e é "inocente" de todas as acusações. No plano espiritual, significa que Deus declara o pecador justo com base na morte e na ressurreição de Jesus Cristo. Já que Cristo pagou a pena, o pecador agora é justo aos olhos do Senhor. Embora o pecador seja verdadeiramente culpado, pela fé ele recebe o benefício da morte Cristo em seu lugar. Jesus pagou a pena, e o pecador é livre. Se está justificado, significa que no livro ata não há registros contra você. Significa que as acusações foram retiradas. Não há culpa, nem pena, nem condenação. Aqui estão quatro palavras que descrevem a justificação. Ela é:

a. *Completa* — encobre tudo o que fizemos. Não existe "meio perdão" para Deus.
b. *Divina* — porque vem de Deus.
c. *Irreversível* — porque é divina.
d. *Gratuita* — somos salvos pela graça através da fé.

Romanos 4:5 diz que Deus justifica o ímpio. Isso pode ser difícil de aceitar. Muitos pensam que Deus quer gente boa no céu, então eles gastam sua vida tentando ser bons o suficiente para entrarem lá quando morrerem. Errado! Jamais ninguém consegue ser bom o suficiente para ir para o céu. Muitos de nós estamos confusos nesse assunto. Pensamos que Deus está dizendo: "Purifique suas ações e então eu salvarei vocês". Ou pensamos que Deus está dizendo: "Vou purificar suas ações e então eu salvarei vocês". Deus jamais disse tal coisa. Ele diz algo totalmente diferente: "Eu salvarei vocês enquanto estiverem ainda impuros, e então ajudarei vocês a purificarem suas ações". Anote isso. Deus salva os ímpios enquanto ainda são ímpios. Esse é o milagre da justificação. Quando você vem para Cristo — ainda ímpio e impuro —, Ele não só salva você, mas inicia um processo interior de purificação que transforma você de dentro para fora. Primeiro ele salva, depois Ele purifica.

Muitas pessoas não se convertem porque sentem que não são boas o suficiente. Elas se sentem como se estivessem perdidas no pecado sexual, no vício do álcool e das drogas, presas na raiva ou na amargura, acorrentadas para sempre a um estilo de vida terrível e destrutivo. Mas Deus não está interessado em justificar o bom. Ele está interessado em justificar o mau. Ele não justifica o justo. Ele justifica os ímpios enquanto ainda são ímpios. Um médico não cura os que têm saúde. Ele cura os doentes (Lucas 5:31-32).

O veredicto vem do céu, e a má notícia é que você é culpado. As boas-novas é que Cristo é totalmente justo. Se você aceitar essas duas regras da corte celestial, um milagre maravilhoso vai acontecer. Cristo vai retirar sua culpa e trocá-la por sua justiça.

É aqui que a glória do evangelho é claramente vista. Ele nos dá aquilo que nunca poderíamos dar para nós mesmos. Por nosso próprio mérito, todos estamos condenados diante do Todo-poderoso. Quem se atreveria a dizer "Sou bom o suficiente para ir para o céu"? Como já disseram: "Uma consciência limpa é o resultado de uma memória ruim". Os únicos que pensam que são bons o suficiente para irem para o céu são aqueles que não sabem o quanto são maus. Precisamos da justiça, mas não a temos. Portanto, Deus, sabendo que jamais poderíamos ser justos por conta própria, ofereceu uma justiça que vem do céu para nós. Ela não é comprada nem merecida, é dada a nós como dom gratuito de Deus.

Fazer *versus* fez
Nisso vemos a simplicidade do cristianismo quando comparado com as outras religiões do mundo. Soletramos a religião com cinco letras — F-A-Z-E-R. A religião é uma lista de tarefas que as pessoas pensam que têm de fazer para serem aceitas por Deus — ir à igreja, fazer doações, cumprir os Dez Mandamentos, ser batizado, orar todos os dias e fazer boas obras. A lista é interminável. É sempre fazer... Fazer... Fazer. Se quer ir para o céu, você vai fazer alguma coisa e vai continuar fazendo até o dia da sua morte.

Soletramos o cristianismo com três letras — F-E-Z. O cristianismo não é baseado naquilo que fazemos, mas sim naquilo que Jesus Cristo já fez. Se você quer ir para o céu, não tem que fazer nada; tem apenas que confiar no que Jesus Cristo já fez por você.

Essa é a grande diferença — fazer *versus* fez. Ou você faz as coisas do seu jeito ou crê que Jesus Cristo já fez tudo por você.

A história das três meias

Talvez uma ilustração ajude. Vamos começar com três meias — uma azul, uma vermelha e uma branca. A meia azul representa seu pecado, a vermelha representa o sangue de Cristo e a branca representa a justiça de Cristo. Pegue a meia azul e a coloque em cima da sua mão direita. Ela representa seu pecado. Ela encobre totalmente a sua mão, mostrando que você é totalmente pecador. Se tentar entrar na presença de Deus com seu pecado exposto, você será julgado e enviado para o inferno. Agora coloque a meia vermelha em cima da azul para que ela encubra a azul (pecado) totalmente. Ela representa o sangue de Cristo que encobre seu pecado. Agora coloque a meia branca em cima da vermelha, pois é como Deus vê você em Cristo. A branca encobre a vermelha, que por sua vez encobre a azul. Uma vez que seus pecados são cobertos pelo sangue, Deus credita a você a justiça de seu Filho, o Senhor Jesus Cristo. Esse é o milagre do evangelho.

Trocando as notas com Jesus

Mas essa é apenas uma parte da história. Vamos supor que eu consegui uma cópia de seu histórico escolar com suas notas "oficiais". Não, não as suas notas do Ensino Médio. Estou pensando em algo mais sério do que isso. De alguma forma, consegui uma cópia do seu "histórico permanente" da "Sala do Diretor" no céu. Infelizmente, as notícias não são boas. Sua nota em cada matéria é a mesma:

- Buscar a Deus: zero.
- Fazer o bem: zero.
- Obedecer a Deus: zero.
- Cumprir a lei: zero.
- Ser perfeito: zero.

Não é um histórico bonito. Você gostaria se mudássemos suas notas? Tenho boas-novas para compartilhar com você. O orador da turma está bem-disposto a mudar de nota. Seu nome é Jesus Cristo, e Ele tirou nota dez em todas as matérias. Aqui estão suas notas finais com Deus:

Lista de honra de Deus: DEZ.

A lição é simples. Se Deus der a você um boletim da sua vida sem Jesus Cristo, ele estará cheio de notas vermelhas por todos os pecados que você cometeu. De fato, Deus dá a você e a toda raça humana um zero. Você foi reprovado em todas as provas. Quando, porém, você vem para Jesus, seu zero é purificado e seus pecados são perdoados para sempre.

Que nota Deus daria para você? Você obtém a nota que Cristo conquistou porque Ele terminou o curso como sendo o primeiro aluno da classe. Você não passa despercebido com Deus. Você está na lista de honra. Você vai direto ao topo da classe. Por quê? Porque você é bom? Não. Por você mesmo, você ainda seria reprovado no curso todo. Se você confia em Jesus Cristo, você ganha nota dez porque está unido a Ele.

A mesma justiça que uma vez exigiu que recebesse um zero agora exige que você receba nota dez. Você não é meio justificado ou meio condenado. Você não é perdoado ou punido pela metade. Você é totalmente perdoado. Seu histórico está limpo. Você é declarado justo aos olhos de Deus. É disso que se trata a justificação.

O novo bilionário de Nova York

Vamos colocar as duas verdades juntas com um exemplo final. Começamos supondo que, de alguma forma, você deve ao banco um milhão de reais. Você promete pagar sua dívida com taxa de 10 reais por semana. Certo dia você vai ao banco, pronto para pagar esse valor. Quando você entrega a nota de 10 reais, o caixa confere sua conta e diz: "De acordo com o seu extrato, você não deve nada. Na verdade, alguém pagou sua dívida e depositou um milhão de reais em sua conta".

Por um momento você fica calado, chocado com sua fortuna repentina. Quem poderia ter feito tal coisa? Quem teria dinheiro para pagar o valor que você deve e depositar mais um milhão a mais em sua conta? A resposta surge enquanto um homem sai das sombras. Pelos artigos que leu, você o reconhece como um bilionário de Nova York. "Eu paguei sua dívida", diz ele, "e então decidi dar-lhe um pouco de renda extra". "Senhor, não precisava. Tentarei pagar o senhor algum dia", você responde. E a resposta é: "Não se preocupe. Sou dez vezes bilionário. Tenho muitíssimo dinheiro e não sei como gastá-lo. Nem pense em pagá-lo. É um presente para você".

Será que isso poderia acontecer? Sim, pelo menos em meus sonhos. O bilionário de Nova York realmente tem muito dinheiro para agir assim. Na verdade, ele tem dinheiro o suficiente para pagar talvez cinco mil pessoas diferentes. Por fim ele ficaria sem dinheiro. Isso, porém, não aconteceria com Jesus Cristo. O bilionário de Nova York é um sem-teto comparado ao Senhor. Deus pode perdoar todos os seus pecados e dar a você sua justiça perfeita. E pode fazer o mesmo com cada pessoa diferente no mundo que vem até Ele pela fé porque sua justiça é infinita e seu sangue jamais perde seu poder.

Podemos ver toda a verdade neste único versículo: "Deus tornou pecado por nós aquele que não tinha pecado, para que nele nos tornássemos justiça de Deus" (2Coríntios 5:21). Quando Jesus morreu na cruz, Deus tratou seu Filho como se Ele fosse um pecador. Jesus se identificou tanto com os pecadores que foi contado entre os transgressores (Isaías 53:12). Mais do que morrer entre dois pecadores, Ele morreu do mesmo modo — a morte na cruz de um criminoso. Por isso, quando confiamos em Cristo nosso pecado é creditado na conta do Senhor e sua justiça é creditada em nossa conta. Ele assume nossa dívida e nós recebemos seu crédito. Essa é a grande troca:

- Ele foi condenado para que possamos ser justificados.
- Ele levou nosso pecado para que possamos ser livres.
- Ele morreu para que possamos viver.
- Ele sofreu para que possamos ser redimidos.
- Ele foi feito pecador para que possamos ser feitos justos.

Da mesma forma, Deus tem uma oferta para você. Se você admitir ser um pecador, Ele oferece declarar você como sendo justo. Tudo o que tem que fazer é se apegar a Jesus. Confie nele e seus pecados serão perdoados, seu histórico no céu será limpo e você será declarada justo aos olhos de Deus.

Você já creu naquilo que Deus disse sobre seu Filho, o Senhor Jesus Cristo?

- Ele é o Salvador do mundo e o único caminho para Deus.
- Ele veio do céu por você.
- Ele morreu na cruz pagando o preço pelos nossos pecados.

- Ele ressuscitou dos mortos no terceiro dia.
- Ele está pronto para perdoar você.
- Ele quer dar a você a justiça perfeita dele.

Você já afirmou, "Sim, Senhor, eu creio que tudo isso é verdade"? Quando você chegar ao céu, vai descobrir que Deus é tão bom quanto sua Palavra. No fim, é sua fé em Jesus Cristo — e não suas obras — que Deus leva em conta como justiça.

LEMBRE-SE DESTA
VERDADE

Deus está oferecendo a você a salvação de graça. Jesus pagou tudo para que você não tivesse de pagar nada.

Aprofundando-se

1. Complete esta frase: "Se Deus avaliasse minha vida até agora, eu provavelmente tiraria um _____."

2. Vamos supor que você morreu nesta noite e você se vê na entrada do portão do céu. Como responderia se Deus perguntasse: "Por que eu devia deixar você entrar no céu?"
   _____
   _____

3. Que tipo de pessoa Deus justifica? Qual incentivo recebemos dessa verdade? (Romanos 4:5)
   _____
   _____
   _____

4. Deus tem uma oferta para você. Se você admitir ser um pecador, Ele declara você como sendo justo. Tudo o que tem de fazer é vir para Jesus. Confie nele e seus pecados serão perdoados, seu histórico no céu será limpo e você será declarado justo aos olhos de Deus.
   - ☐ Creio que isso é verdade.
   - ☐ Isso não faz o menor sentido para mim.
   - ☐ Tenho que pensar no assunto por enquanto.

CAPÍTULO 7

O que é a fé para a salvação?

A questão apresentada no título deste capítulo não é tão fácil de ser respondida como se pensa. É evidente pelo Novo Testamento que nem todos que "creem" verdadeiramente têm a fé para a salvação. O próprio Jesus alertou em Mateus 7:21-23 que no dia do juízo muitos vão declarar que fizeram milagres em seu nome, mas Ele responderá: "Nunca os conheci. Afastem-se de mim vocês". E Tiago 2:19 relata que até os demônios creem em Deus — e tremem por causa disso. Eles, porém, não são salvos.

Por outro lado, quando um homem perguntou "O que devo fazer para ser salvo?", uma resposta foi dada: "Creia no Senhor Jesus, e serão salvos, você e os de sua casa" (Atos 16:31).

Ficou bem claro, não é mesmo? Creia e seja salvo. Inúmeros versículos (principalmente do evangelho de João) poderiam ser acrescentados para expressar o mesmo conceito. O problema não são as palavras, mas seus significados.

Isso levanta uma questão importante. Se a salvação se baseia em crer em Cristo, como saber quando você verdadeiramente creu? Todos nós entendemos que a palavra "crer" possui muitas nuances diferentes. Por exemplo, se eu disser: "Creio que vai chover amanhã", isso nada mais é do que um palpite. Ou se eu disser "Creio que George Washington foi o primeiro presidente dos EUA", isso se refere a um fato histórico estabelecido. Agora, se eu disser "Eu creio em Jesus de todo o meu coração", fiz uma declaração totalmente diferente.

Os três elementos da fé para a salvação

A verdadeira fé para a salvação envolve o intelecto, as emoções e a vontade. A fé que nos salva envolve tudo o que somos para irmos a Cristo. A fé se inicia com o conhecimento, passa para a convicção e termina com o comprometimento. Vamos dar uma olhada rapidamente em cada elemento.

1. Conhecimento

O conhecimento refere-se à base factual da fé cristã. Ele trata do entendimento intelectual da verdade. Você deve conhecer algo para ser salvo. A fé é baseada em conhecimento, e este é baseado na verdade. O evangelho contém informações que precisamos conhecer. Você não é salvo pelas informações, mas também não pode ser salvo sem elas.

Vamos supor que você está em um edifício em chamas e não consegue encontrar a saída. "Onde está a saída?", você grita. Em meio à fumaça surge a resposta: "Desça o corredor, vire à esquerda, desça um lance de escadas. A saída fica à direita". Você está a salvo porque sabe onde está a saída? Não, você ainda tem que chegar até lá; mas se não souber como chegar lá, ou se tiver a informação errada, você vai morrer queimado. Você não é salvo por saber a verdade, mas também não pode ser salvo sem ela.

Devemos ser perfeitamente claros neste ponto. A fé cristã não é uma fé cega. Somos chamados para crer em algo — não em qualquer coisa. A verdadeira fé para a salvação baseia-se antes de tudo em Jesus Cristo. Isso é o mais importante. Devemos saber quem Ele é, por que Ele veio, por que Ele morreu, ressuscitou dos mortos e como Ele pode ser nosso Senhor e Salvador. Não estou insinuando que devemos ser aprovados numa prova de teologia para sermos salvos, mas devemos conhecer as verdades se nossa fé está no fundamento certo. A fé deve se firmar nos fatos da revelação divina. Ela se baseia em fatos, não em especulações. A fé na coisa errada, ainda que seja uma fé sincera, não salvará ninguém.

O conhecimento é essencial, mas ele por si só jamais vai salvar você. A fé para a salvação começa com o conhecimento, mas não para por aqui.

2. Convicção

Convicção significa saber algo e então ser persuadido de que essa informação é verdade. A palavra mais comum na Bíblia para "crer" significa "ter confiança, considerar totalmente confiável". Essa palavra hebraica foi traduzida para o português como "amém", que literalmente significa "Sim, é verdade". A fé para a salvação envolve dizer "amém" aos fatos do evangelho.

Um homem pode ir ao médico que lhe diz que ele tem um câncer. "Mas tenho boas notícias", diz o médico. "Acabamos de descobrir uma quimioterapia que pode curar seu câncer. Você crê?" "Sim", responde ele. Ele está curado? Não até arregaçar sua manga e deixar que coloquem a agulha em seu braço e injetem o medicamento em sua veia.

A convicção é essencial porque você deve estar pessoalmente convencido da verdade, mas só isso não pode salvar você. Há um elemento final na verdadeira fé para a salvação.

3. Compromisso

O compromisso trata da parte ativa da fé. Podemos usar a palavra "confiança" no sentido de "depender totalmente" como repousar todo o seu peso em uma cama, confiando que ela pode sustentar você. A fé verdadeira sempre busca ser colocada em algo. Se vamos ao médico, devemos colocar nossa fé nele. Se buscamos um advogado, devemos por nosso caso nas mãos dele. É isso que significa frases como "acredite em seu coração" ou "acredite de todo o coração". Significa "admitir" ou "aceitar" ou "receber" ou "acolher" alguém ou alguma coisa.

A verdadeira fé para a salvação sempre termina em um compromisso pessoal. Os vendedores entendem esse princípio. Depois que a demonstração do produto é feita, em algum momento os clientes precisam assinar na linha pontilhada. Se disserem: "Eu sei que é um bom produto", você não fez uma venda. Se disserem: "Acho que preciso desse produto", eles estão chegando perto, mas você ainda não fez uma venda. Porém quando dizem "Onde eu assino?", você acabou de fechar negócio.

Podemos encontrar todos os três elementos da fé em um versículo: "Eu *sei* em quem tenho crido e estou *convencido* de que ele é poderoso para guardar o que lhe *confiei* até aquele dia" (2Timóteo 1:12). Sei... Estou convencido... Lhe confiei. Está tudo certo. Conhecimento, convicção e compromisso.

O grande Blondin

No século 19, o maior equilibrista do mundo era um homem chamado Charles Blondin. Em 30 de junho de 1859, ele se tornou o primeiro homem na história a andar na corda bamba pelas Cataratas do Niágara. Mais de 25 mil pessoas se reuniram para vê-lo caminhar 335 metros suspenso em uma corda minúscula a 48 metros acima das águas furiosas.

Blondin praticava sem rede ou cinto de segurança. O menor deslize seria fatal. Quando ele chegou com segurança até o lado canadense, a multidão explodiu em um brado poderoso.

Nos próximos dias, Blondin atravessaria as cataratas muitas vezes. Uma vez ele atravessou sobre pernas de pau; outra vez, pegou uma cadeira e um fogão e sentou-se no meio do caminho, preparou uma omelete e comeu. Certa vez, levou seu empresário nas costas.

E uma vez empurrou um carrinho de mão carregado com 18kg de cimento. Em certa ocasião, Blondin perguntou aos espectadores na torcida se eles achavam que ele poderia empurrar um homem sentado em um carrinho de mão. Um brado poderoso de aprovação veio da multidão. Vendo um homem aplaudindo, ele perguntou: "Senhor, você acha que eu poderia carregá-lo com segurança neste carrinho de mão?". "Sim, claro." "Então venha", o grande Blondin respondeu com um sorriso, mas o homem se recusou. Está bem claro, não é mesmo? Uma coisa é acreditar que um homem pode atravessar sozinho. Outra coisa é acreditar que ele poderia carregar você em segurança até o outro lado. Outra coisa é entrar no carrinho de mão sozinho. Essa é a diferença entre conhecimento, convicção e compromisso.

"É impressionante!"

Se sabe o que significa acreditar em um médico quando ele diz "Você precisa de uma cirurgia", então você sabe o que significa ter fé. Se sabe o que significa entrar em um avião confiando sua segurança ao capitão na cabine, sabe o que significa ter fé. Se sabe o que significa pedir a um advogado para defender seu caso no tribunal, sabe o que significa ter fé. A fé é a total confiança em alguém para fazer o que você jamais poderia fazer por si só.

Quanta fé é necessária para ir para o céu? Depende. A resposta é não muita, mas sim tudo o que você tem. Se você estiver disposto a confiar em Jesus Cristo com toda a fé que tiver, poderá ser salvo; mas se você está escondendo alguma coisa, pensando que talvez precise fazer algo para ajudar a se salvar, esqueça!

Enquanto apresentava um programa de rádio, recebi a ligação de uma jovem chamada Ângela, que perguntou como podemos saber que estamos salvos. Citei 1João 5:13, que diz que podemos saber que temos a vida eterna crendo em Cristo. Eu disse para Ângela que a salvação depende de confiar em Jesus Cristo. É mais do que apenas acreditar em fatos a respeito de Jesus. Confiar em Cristo significa confiar totalmente nele. Você confia no piloto da companhia aérea para levar você de volta ao chão com segurança. Confia no seu médico quando toma o remédio que ele receitou. Confia em seu advogado quando permite que ele represente você no tribunal. Deus diz que quando se confia em Jesus Cristo da mesma forma, você é salvo dos seus pecados. Tudo o que você precisa fazer é confiar em Cristo totalmente e poderá ser salvo. Quando perguntei a Ângela sua opinião a respeito disso, ela deixou escapar: "Uau! Isso é impressionante". Sim, acredito que sim. É a verdade mais incrível que conheço.

E o arrependimento?

A essa altura, alguém pode perguntar onde o arrependimento se encaixa na mensagem do evangelho. Afinal, a primeira palavra que Jesus falou em seu ministério público foi "arrependa-se" (Mateus 4:17). A palavra "arrependimento" significa literalmente "mudar de ideia". Tem a ver com a maneira como você pensa. Você tem pensado de uma forma, mas agora pensa de maneira diferente. Isso é arrependimento — mudar de ideia.

Vamos supor que um homem queira aprender a saltar de paraquedas. Então ele vai para uma escola de paraquedismo e aprende a montar o equipamento, puxar a corda e como pousar com segurança. Finalmente chega o dia em que o levam de avião. Ele está morrendo de medo, mas também está assustado em recuar. Chega o momento em que vai pular. Ele vai até a porta do avião e vê o chão a 2.133,60 metros de distância. Suas pernas ficam bambas, ele está ficando enjoado e alguém atrás dele está tentando empurrá-lo para fora do avião. No último segundo, ele diz: "Não. Eu não vou fazer isso". "Vá em frente, você consegue!", grita seu instrutor. "Mudei de ideia", ele responde. "Eu não vou pular."

E ele não pula. Aquele homem se arrependeu. Ele mudou de ideia de forma decisiva.

Essa história ilustra como funciona o arrependimento. Ele é uma mudança no modo de pensar que leva a uma mudança no modo de viver. Quando você realmente muda de ideia sobre algo, isso muda a maneira como se pensa, fala e sente, e, por último, muda suas atitudes.

O verdadeiro arrependimento e a fé para a salvação andam juntos. São como duas faces da mesma moeda. De acordo com Marcos 1:15: "Arrependam-se e creiam nas boas-novas!". Arrepender-se significa mudar de ideia sobre o que quer que esteja impedindo você de se converter a Cristo. Confiar em Jesus significa alcançá-lo de todo o coração pela fé, para que Ele se torne seu Salvador e Senhor.

O poder da pequena fé

Certo dia, uma mulher com um sério problema de hemorragia procurou Jesus enquanto Ele passava por uma rua estreita e movimentada. Ela estendeu a mão, tocou na ponta de seu manto e foi instantaneamente curada. Após doze anos de miséria, com apenas um toque sua doença desapareceria para sempre. Essa história é útil porque a mulher nunca disse nada a Jesus. Sem dúvida, ela estava com medo e envergonhada de se dirigir a Ele abertamente. Mesmo depois de sua cura milagrosa, ela não disse uma palavra sequer. Ela simplesmente o encontrou no meio da multidão, tocou em seu manto, foi maravilhosamente curada e então se virou para ir embora. Somente nesse momento Jesus se dirigiu a ela. "Filha, a sua fé a curou! Vá em paz" (Lucas 8:48).

Nessa pobre mulher, vemos o incrível poder da pequena fé. Ela sabia quem era Jesus (isso é conhecimento), acreditava que Ele poderia ajudá-la (isso é convicção), estendeu a mão e tocou nele no meio da multidão (isso é compromisso). Ela não tinha muita fé, mas tinha uma fé do tamanho de um grãozinho e, por meio dela, Deus moveu a montanha de sua doença.

Como é simples se converter a Cristo. Apenas um toque e essa mulher foi curada. Não por suas promessas de fazer melhor, não por uma oferta de fazer algo por Jesus se Ele fizesse algo por ela. Não há barganhas aqui. Ela estendeu a mão trêmula e em um instante foi curada. Não foi nem um processo longo. Aconteceu tão rápido que só poderia ser chamado de milagre.

Isso é o que uma pequena fé pode fazer. Converter-se a Cristo não é difícil. A parte mais difícil é estender a mão pela fé. Se você quer tocar em Jesus, tudo o que você precisa fazer é alcançá-lo.

Esse é o poder da pequena fé quando ela é direcionada para o objeto certo. Você não precisa ter muita fé. Sua fé pode ser pequena, contanto que esteja apoiada em um objeto forte. E quem poderia ser mais forte do que o próprio Jesus Cristo?

"Mas não tenho muita fé", você diz. Deus nunca pergunta se temos muita fé, Ele apenas exige que ela dependa do Senhor Jesus Cristo. Mesmo uma mão trêmula pode receber uma taça de ouro. Quando recebo um presente com minha mão, não olho para ela e me pergunto que tipo de mão eu tenho. Eu olho para o presente e não me preocupo com minha mão. Não se preocupe com o tamanho da sua fé. Se você tem fé suficiente para querer vir até Cristo, isso é tudo que precisa.

Já se sentiu como se seus problemas impedissem você de vir a Deus? Já se sentiu tão sujo e impuro que pensou que Jesus não teria nada a ver com você? Não se desespere. Jesus não se ofende com os seus problemas. Ele já viu tudo isso antes. Ele não vai rejeitar você.

Cristo bate à porta

No último livro da Bíblia encontramos a imagem de Cristo batendo à porta. A imagem vem de Apocalipse 3:20, no qual Cristo se oferece para entrar em uma igreja morna e letárgica e ter comunhão com aqueles que o deixarem entrar. É uma imagem maravilhosa de como Cristo vem a cada um de nós. Nessa imagem vemos os três elementos da fé de forma bem clara.

- Eu ouço a batida — isso é conhecimento.
- Eu vou até a porta — isso é convicção.

- Eu abro a porta — isso é compromisso.

Só então Cristo vem e se sente à vontade em meu coração. Anos atrás eu aprendi um refrão infantil que é assim: "Os dois lados e apenas uma porta. Onde você está, por dentro ou por fora?".

Esta é uma questão crucial para todos nós considerarmos. De que lado da porta do seu coração está Jesus Cristo? Ele está do lado de dentro ou está do lado de fora, ainda batendo, esperando você abrir a porta? Se você ouvir Cristo batendo, não demore. Vá até a porta e deixe-o entrar. Essa é a verdadeira fé para a salvação.

LEMBRE-SE DESTA
VERDADE

A fé para a salvação entende o evangelho, crê no evangelho e então se compromete com o evangelho como a única esperança para a salvação. A fé para a salvação se aproxima e confia em Cristo como Senhor e Salvador.

Aprofundando-se

1. Liste algumas atividades religiosas que as pessoas podem usar como substitutas para a verdadeira fé para a salvação.

   _____
   _____
   _____
   _____

2. De acordo com Hebreus 11:6, o que é necessário para agradar a Deus?

   _____
   _____
   _____
   _____

3. Leia João 20:26-29. Quando Tomé finalmente se encontrou com Jesus após a ressurreição, como ele expressou seu total compromisso com Cristo?

   _____
   _____
   _____
   _____

4. Vamos personalizar João 3:16. Escreva seu nome nos espaços neste versículo. "Porque Deus tanto amou _____ que deu o seu Filho Unigênito, para que _____ não pereça, mas tenha a vida eterna."

5. Descreva o nível da sua fé em Jesus Cristo neste momento. Ela tem mais conhecimento sem muita convicção? É convicção sem compromisso? Ou tem conhecimento, convicção e compromisso? Se não tiver certeza, apenas escreva "Não tenho certeza" ou "Ainda estou pensando no assunto".

_____
_____
_____
_____
_____
_____
_____
_____
_____
_____
_____
_____

CAPÍTULO 8

Vindo para Cristo

Se você chegou até aqui, é provável que saiba o que vem pela frente. É hora de falar sobre abrir a porta e dar as boas-vindas para Cristo em sua vida como Senhor e Salvador. Todavia, antes de darmos as boas-vindas, quero compartilhar uma história incomum de como um homem se converteu a Cristo. Tudo começou quando meu amigo Bob Johnsen me apresentou para seu irmão Jim. Quando o conheci, Jim estava muito doente, com um câncer que retornara após alguns anos de remissão dos sintomas. Jim não conseguia ficar em pé porque a dor era demais. Demos um aperto de mãos, e ele me perguntou com uma voz desesperada se eu iria orar por ele. Jim parecia ser um homem carente de um Salvador, mas que não sabia onde procurá-lo. Durante um mês ou dois eu dei um aperto de mão toda vez que o via na igreja e tentei encorajá-lo o máximo que pude.

Um dia, Bob ligou e disse que Jim tinha ido para o hospital e queria me ver. Quando entrei no quarto, ele disse: "Pastor, tenho muitas coisas que quero lhe contar". E Jim lentamente contou sua história de vida. Ele me contou que quando era criança fora educado em uma família cristã, mas por muitos anos estivera afastado do Senhor. Ele passara um longo tempo servindo o exército e estava muito orgulhoso dessa decisão, mas durante aqueles anos se desviara de Deus. "Sou um homem morto", disse ele. "Os médicos não vão dizer, mas eu sei a verdade. O câncer está na minha coluna vertebral. Duvido que sairei deste hospital."

Jim contou seus anos de peregrinação como os "quarenta dias e quarenta noites", quando a chuva veio no grande dilúvio nos dias de Noé. Era claro que alguma coisa recente acontecera em sua vida, mas eu não sabia o quê. Então ele me contou que um dia ouviu aquela canção infantil familiar, *Jesus loves me* [Jesus me ama], e começou a cantar junto. Em suas próprias palavras, enquanto ele cantava, "aquilo aconteceu". O que aconteceu? Ele confiou em Jesus Cristo enquanto cantava "Jesus me ama", e tivera uma experiência de conversão definitiva. Foi real, foi claro, foi uma mudança poderosa em sua vida.

Enquanto me contava a história, em certo momento Jim agarrou minha lapela e disse: "Pastor Ray, você tem de contar aos jovens. Diga-lhes que Cristo é a única resposta. Os jovens precisam saber disso para que não desperdicem seus anos como eu". Então ele me pediu para compartilhar sua história com todos. "Quero ajudar o máximo de pessoas enquanto eu estiver vivo."

Daí ele disse algo que eu não esperava: "Eu sei que vou para o céu, mas há um problema. Eu não tenho um certificado". Eu não tinha ideia do que ele quis dizer. Evidentemente alguns dos seus amigos disseram que ele precisava de um certificado para ter certeza que iria para o céu — talvez algum tipo de carteirinha de membro ou um certificado de batismo. Seja lá o que fosse, isso o perturbava muito porque ele não tinha nada para mostrar aos outros. Ele disse quatro vezes muito emocionado: "Mas eu não tenho um certificado". Eu podia dizer que o problema o perturbava demais.

Depois que voltei para a igreja, decidi que se Jim precisava de um certificado, poderíamos lhe dar um. Então, escrevi algumas palavras e passei para a minha secretária. Ela elaborou um lindo certificado que imprimimos com uma borda caprichada. Depois que assinei, colocamos em uma moldura. Era algo mais ou menos assim:

> Sob o testemunho da Palavra de Deus
> e sob sua profissão de fé em Jesus Cristo,
>
> *Jim Johnsen*
>
> é um cristão nascido de novo que confiou em Jesus Cristo como seu Senhor e Salvador. "Quem tem o Filho, tem a vida; quem não tem o Filho de Deus, não tem a vida. Quem não tem o Filho de Deus, não tem a vida" (1João 5:12).
>
> "Jesus me ama, eu sei, pois a Bíblia assim afirma."

Quando lhe dei o certificado, Jim chorou por quarenta e cinco minutos. Depois, sua família colocou o certificado na parede onde ele podia vê-lo. Durante seus últimos dias, ele mostrou o certificado para todos que o visitaram. Após o funeral, colocamos o certificado no caixão, onde está com seu corpo até o dia da ressurreição.

Essa história ilustra muitas coisas, inclusive que há esperança para todos nós. Ela também nos conta que vir a Cristo não é tão somente recitar certas palavras ou participar de um ritual religioso; é uma questão de o coração buscar ao Senhor com fé. Jim Johnsen descobriu que nunca é tarde demais para se converter a Jesus, e você não precisa de um certificado para ter certeza de que irá para o céu quando morrer. As poucas palavras que escrevemos naquele pedaço de papel simplesmente resumiram a mensagem deste livro. Você não precisa de um certificado para ir para o céu, mas precisa colocar sua confiança em Jesus Cristo e somente nele.

O evangelho é a resposta de Deus para aqueles que não se envergonham de admitir que precisam de ajuda. Se isso é verdade, por que algumas pessoas esperam tanto tempo para virem para Jesus? Um homem me disse que muitos esperam porque "eles ainda não chegaram ao fundo do poço". Com certeza muitos se sentem autossuficientes e pensam que não precisam do Senhor. Alguns podem somente orar quando chegam ao fundo do poço, onde finalmente vão olhar para cima e clamar por socorro. Adiar as decisões afasta muitas pessoas de Deus. Pensamos sempre que há tempo de sobra para decidir, mas a vida é cheia de incertezas. "Não se gabe do dia de amanhã, pois você não sabe o que este ou aquele dia poderá trazer" (Provérbios 27:1). Uma hora você está no topo do mundo; no outro seu avião cai e sua vida nesta terra acaba.

Então, chega a hora que deve decidir de que lado você fica com Jesus. Ninguém pode ficar em cima do muro por muito tempo. Ficar sem tomar uma decisão já é uma decisão. Se você não aceitar a Cristo estará, na verdade, negando-o. Vou pegar emprestado uma frase do grande pregador do século 20, Billy Graham: "Existe a 'hora da decisão' que vem para todos nós mais cedo ou mais tarde". Oro para que esta seja a sua hora de dizer sim para Jesus Cristo.

O evangelho simples

Já que estamos perto do final deste livro, vamos tirar um momento para revisar o que aprendemos até aqui: posso resumir toda a mensagem do evangelho em sete frases simples:

1. Admitindo minha necessidade: conhecer o Deus que me criou.
2. Aceitando o julgamento de Deus: culpado e acusado.
3. Encarando a verdade: incapaz de me salvar.
4. Conhecendo a solução de Deus: o Senhor Jesus Cristo.
5. Lembrando-se do que Ele fez: a cruz e o túmulo vazio.
6. Transferindo sua confiança: de si mesmo somente para Cristo.
7. Recebendo a salvação eterna: a justiça dele pelo meu pecado.

Se entender o que essas frases significam, você sabe tudo o que precisa para ir para o céu. O evangelho começa com o Deus que nos criou. Embora tenhamos sido criados para conhecê-lo, o pecado nos separou dele. Por causa do pecado, somos verdadeiramente culpados aos olhos de Deus e deixados em uma condição de impotência, incapazes de nos salvarmos. Longe da graça divina, morreremos em nossos pecados. Se Deus não agisse, estaríamos perdidos para sempre. As boas-novas do evangelho é que Deus tomou uma atitude. Ele enviou o próprio Filho, o Senhor Jesus Cristo, que cumpriu a vontade de Deus e obedeceu perfeitamente a lei divina. Ele foi bem-sucedido quando todos nós erramos. Quando morreu, Ele não morreu para si mesmo (pois era sem pecado), mas em nosso lugar, como um homem condenado, suportando nosso pecado e levando nosso castigo. Jesus levou em nosso lugar o que merecíamos. Ele cumpriu todas as suas declarações ao ressuscitar dos mortos no terceiro dia. A salvação é oferecida individualmente e a todos com a condição de que abandonemos a autossuficiência e a autoconfiança para confiar total e completamente somente em Cristo. Quando confiamos em Jesus dessa maneira, Deus credita a justiça de seu Filho a nós e a pena por nosso pecado é paga por completo. Dessa forma, recebemos o benefício do que Cristo conquistou dois mil anos atrás. Esse é o evangelho de Jesus Cristo.

A Bíblia usa várias palavras e frases para descrever o que acontece conosco quando confiamos de todo o coração em Cristo como Senhor e Salvador. Somos perdoados, salvos, nascidos de novo, declarados justos aos olhos de Deus, recebemos uma nova vida, somos perdoados, libertos da pena do pecado, trazidos a um novo relacionamento com Deus, chamados filhos de Deus e com a certeza de irmos para o céu quando morrermos. Isso é uma "salvação total". Ela nos é dada de graça, mas não é barata. Custou para Deus a morte de seu único Filho. O versículo mais famoso da Bíblia resume a mensagem deste livro em uma simples, porém profunda, frase: *"Porque Deus tanto amou o mundo que deu o seu Filho Unigênito, para que todo o que nele crer não pereça, mas tenha a vida eterna"* (João 3:16).

A salvação está disponível para todos que a quiserem. Deus nos apresenta agora sua oferta. O que você vai fazer com ela?

Salvação simples

Um amigo me enviou um e-mail contando uma pergunta feita por um colega de trabalho:

> Como definimos um cristão? Costumava ser que, se você não fosse judeu, hindu ou budista, você era um cristão, seja católico, luterano, episcopal ou batista. Agora parece que a palavra significa algo mais específico. É considerada uma religião real, diferente da católica, da luterana, da episcopal, da batista, ou seja lá o que for? Em caso afirmativo, o que faz ela ser diferente?

Essa é uma boa pergunta. Isso mostra que a pessoa tem pensado seriamente sobre as questões espirituais. Também revela que ela mergulhou no cerne da questão que há muito tempo confunde milhões de pessoas: Qual é a diferença entre ser um cristão e um membro de igreja? A maneira mais simples de responder essa pergunta é dizer que um cristão é uma pessoa que conheceu a Deus profunda e pessoalmente por meio de uma genuína fé para a salvação no Senhor Jesus Cristo. Dizer isso dessa maneira significa que, embora quase todos os cristãos sejam membros de igreja, nem todos os membros de igreja são necessariamente cristãos verdadeiros. Conhecer Deus por meio de Cristo tem a ver com um relacionamento pessoal disponível pela fé; não se trata de um ritual religioso ou simplesmente "frequentar uma igreja".

Essa verdade nos leva a um ponto importante: Ninguém "se deixa levar" pelo cristianismo por acidente. Em algum momento deve-se confiar intencionalmente em Cristo como Senhor e Salvador. Nas palavras do pastor britânico do século 19 Charles Spurgeon: "Você jamais vai para o céu junto de uma multidão". É verdade que haverá multidões no céu, mas só chegamos lá um de cada vez. Deus salva indivíduos, e não aglomerados ou grupos.

João 1:12-13 oferece um resumo simples do que significa vir a Cristo para a salvação: "Contudo, aos que o receberam, aos que creram em seu nome, deu-lhes o direito de se tornarem filhos de Deus, os quais não nasceram por descendência natural, nem pela vontade da carne nem pela vontade de algum homem, mas nasceram de Deus".

Um simples passo: recebê-lo

"Aos que o receberam." O caminho da salvação começa com um simples passo: *receber Cristo como Senhor e Salvador*. A palavra "receber" significa dar as boas-vindas a um visitante em sua casa. É o que acontece quando alguém bate à sua porta e você o convida para entrar. Receber Cristo significa acolhê-lo como um convidado de honra e permitir que Ele faça do seu coração a morada dele.

Um resultado maravilhoso: ser filho de Deus

"Deu-lhes o direito de se tornarem filhos de Deus." A palavra "direito" significa "honra" ou "privilégio". No momento em que você recebe Cristo em sua vida, Deus lhe dá a honra de se tornar um membro da família dele. Isso ensina que nem todos são filhos de Deus. Todos são criados por Deus, mas nem todos no mundo são filhos de Deus. Às vezes, as pessoas dizem de modo negligente: "Somos todos filhos de Deus", mas a Bíblia não diz tal coisa. Deus só dá o privilégio de sermos seus filhos para quem, pela fé pessoal, recebe Jesus como Senhor e Salvador (Gálatas 3:26).

Isso leva a algumas perguntas que devem ser feitas:

- "Nem todos são filhos de Deus. Será que eu sou?"
- "Nem todos têm a vida eterna. Será que eu tenho?"
- "Nem todos irão para o céu. Será que eu vou?"

Uma verdade misteriosa: nascido de Deus

"Os quais não nasceram por descendência natural, nem pela vontade da carne nem pela vontade de algum homem, mas nasceram de Deus" (João 1:13). Esse versículo ensina que a graça de Deus não passa automaticamente de uma geração para a outra. Você não é cristão só porque seus pais o eram ou porque seu avô era um bispo episcopal ou porque seu tio era um diácono batista. E você não vai ganhar pontos com Deus só porque vem de uma boa família e tem uma boa educação. Você não pode se salvar através do esforço humano, então nem perca seu tempo tentando. Quanto mais rápido parar de tentar salvar a si mesmo, mais rápido poderá ser salvo por Deus.

Todo o evangelho se resume nesta pequena frase: "Nascido de Deus". A salvação vem do Senhor. *É um dom gratuito — totalmente gratuito e totalmente de graça.* Não é um empreendimento comercial em que você faz a sua parte e Deus faz a dele. No entanto, alguém pode se opor: "Não tenho um papel para desempenhar na salvação?". Você de fato tem uma parte. A sua parte é estar desesperadamente perdido no pecado. A parte de Deus é salvá-lo. Dessa forma, somente Deus recebe o crédito. A salvação é uma obra de Deus do começo ao fim.

Hora da decisão

Às vezes, usamos a expressão "estar em cima do muro" para nos referirmos a pessoas que não conseguem tomar uma decisão. Isso descreve perfeitamente a maneira como muita gente se relaciona com Jesus Cristo. Querem conhecê-lo, sabem que precisam dele, sentem verdadeiramente seus pecados e querem encontrar o perdão e talvez até tenham "decidido pular do muro", mas até que decidam pular, eles ainda estão em cima do muro em relação a Jesus. Para usar um termo bíblico, eles ainda estão perdidos. Decidir receber a Cristo é bom. Recebê-lo pela fé é bem melhor.

Dois mil anos atrás, Pôncio Pilatos, o governador romano em Jerusalém, perguntou à multidão: "O que vocês querem que eu faça com Jesus?". "Crucifica-o!", gritaram eles. Ele fez essa pergunta porque queria tirar de si a responsabilidade pela decisão. Isso nunca funciona. No final, cada um de nós deve decidir o que fará pessoalmente com Jesus.

A curiosidade é boa se ela leva você para a verdade. Uma discussão interminável pode ser uma forma de evitar a verdade. Afinal, a verdade exige um compromisso pessoal. Você pode falar sobre o assunto, discuti-lo, debatê-lo e dissecá-lo, mas geralmente terá de tomar uma atitude. Do ponto de vista de Deus, crer em Cristo é tanto um convite quanto um mandamento. Devido a tudo o que Cristo fez, somos convidados a confiar nele como Senhor e Salvador. Essa, porém, não é apenas uma opção que podemos pegar ou largar, como se pudéssemos encontrar uma oferta melhor em outro lugar. Dizer que Deus nos manda crer em Cristo significa que, se recusarmos sua oferta de vida eterna, lamentaremos nossa decisão errada por toda a eternidade. De acordo com a Bíblia, o pecado da incredulidade é o maior de todos. Aqueles que não creem em Jesus já estão sob a ira de Deus. Essa verdade solene deve nos fazer parar e refletir atentamente. Grandes questões estão em jogo. Não devemos brincar com o evangelho.

O Antigo Testamento contém uma história fascinante sobre serpentes venenosas enviadas por Deus ao povo de Israel como castigo pelo pecado (Números 21:5-9). Quando o povo clamou por misericórdia, Deus disse a Moisés para colocar no alto de um poste uma serpente de bronze onde todos pudessem vê-la. Em seguida, foram instruídos a olharem para a serpente no poste para serem poupados. Olhe e viva. Uma ação tão simples, mas com consequências tão grandes. João 3:14-15 aplica essa história à obra de Jesus Cristo. Assim como a serpente de bronze foi levantada no deserto, Jesus foi "levantado" na cruz para morrer por nossos pecados. O convite de Deus é o mesmo. Olhe e viva! Olhe com fé para Jesus e você terá a vida eterna. Caso contrário, você morrerá. Se você olhar, viverá.

Arriscando a eternidade em Jesus

Pondere as palavras deste pequeno verso:

Por uma vida que não vivi,
Por uma morte que não morri,
Arrisco toda a minha eternidade.

A "vida que não vivi" é a vida de Jesus, e a "morte que não morri" é a morte do Senhor na cruz. Quando confiamos em Cristo, estamos "arriscando a eternidade" nele. É isso que significa ser cristão. Significa confiar tanto em Cristo que você arrisca sua eternidade no que Ele fez por você na vida e na morte dele. Algumas vezes eu disse aos outros que confiar em Jesus para a salvação significa confiar nele tão completamente que, se Ele não puder levá-lo para o céu, não conseguirá entrar lá. Você está disposto e pronto para correr o risco?

Talvez isso ajude colocar suas palavras em uma oração muito simples. Embora eu encoraje você a fazer esta oração, advirto que apenas dizer as palavras não vai salvar sua alma. A oração não salva. Só Cristo pode salvar. Ela, porém, pode ser um meio de alcançar o Senhor com verdadeira fé para a salvação. Se você orar essas palavras com fé, Cristo salvará você. Tenha certeza disso.

Senhor Jesus, por muito tempo eu te mantive fora da minha vida. Sei que sou um pecador e que eu não posso me salvar. Não fecharei mais a porta quando eu ouvir tu bateres. Pela fé eu recebo o dom da salvação com gratidão. Estou pronto para confiar em ti como meu Senhor e Salvador. Obrigado, Senhor Jesus, por teres vindo à Terra. Creio que és o Filho de Deus que morreu na cruz pelos meus pecados e ressuscitou dos mortos no terceiro dia. Obrigado por levares meus pecados e por me dares o dom da vida eterna. Creio que tuas palavras são verdadeiras. Eu te recebo em meu coração, Senhor Jesus. Sejas o meu Salvador. Amém.

Se você fez essa oração com uma fé sincera, pode querer colocar as iniciais do seu nome ao lado da oração e a data de hoje como um lembrete de que você veio a Cristo com fé, confiando nele como seu Senhor e Salvador.

No final, eu não posso crer por você ou você por mim. Jesus disse: "Venham a mim, todos os que estão cansados e sobrecarregados, e eu darei descanso a vocês" (Mateus 11:28). Você irá? Venha e veja por si mesmo. Venha e descubra como Cristo pode mudar a sua vida.

Se você está com medo, acalme seu coração. Ele não despreza quem o busca. Ele não vai rejeitar você. Pelo contrário, Deus o chama. Ainda assim você deve vir. Não hesite. Pare de dar desculpas. Venha para Cristo e seja salvo. Confie nele, e sua vida nova vai começar. Cristo abriu a porta e pagou o preço com seu próprio sangue. Por que não confiar nele e fazer dele seu Senhor? Cristo já pagou tudo. Ele continua batendo à porta. Qual será sua resposta?

Tal como estou

Em 1822, uma jovem chamada Charlotte Elliott estava visitando alguns amigos no West End de Londres e lá conheceu um notável ministro chamado César Malan. Durante o jantar, ele perguntou se ela era cristã. Quando respondeu que não queria falar sobre o assunto, o ministro respondeu: "Não tive a intenção de ofendê-la, mas quero que saiba que Jesus pode salvá-la se você se voltar para Ele". Várias semanas depois, eles se encontraram novamente e a srta. Elliott disse que estava tentando vir a Cristo, mas não sabia como. "Apenas venha a Ele tal como está", disse o Dr. Malan. Levando a sério o conselho, ela compôs um poema que começou assim:

Tal como estou, tão pecador,
confiando em teu divino amor
A teu convite chego aqui
Cordeiro Santo, venho a ti!

Em 1849, William Bradbury colocou melodia nas palavras de Charllotte. Desde então, tornou-se um dos hinos mais amados de todos os tempos. Por muitos anos, Billy Graham encerrou todos os seus sermões nas cruzadas cantando "Tal como estou". O terceiro verso contém o próprio testemunho de Charlotte Elliott:

Tal qual estou me inclino ao mal
No meu estado natural
A pura imagem eu perdi
Cordeiro santo, venho a ti!

E o último verso contém a promessa do evangelho:

Tal qual estou eu busco a paz
Tal como estou, me salvarei
Na tua graça esperarei / A tua bênção recebi
Cordeiro Santo, venho a ti

Essa também é a promessa que Deus faz para você e para mim. Se você vier — assim como está — e se acreditar nas promessas do evangelho, Ele receberá, perdoará, purificará e aliviará você. Que essa seja sua experiência ao vir pela fé a Jesus Cristo, o grande Cordeiro de Deus.

LEMBRE-SE DESTA
VERDADE

Somos convidados a confiar em Cristo como Senhor e Salvador. Essa, porém, não é apenas uma opção que podemos pegar ou largar como se pudéssemos encontrar uma oferta melhor em outro lugar.

Aprofundando-se

1. Por que tantas pessoas confundem ser cristão com ser membro de uma igreja cristã? Qual é a diferença básica entre um verdadeiro cristão e uma pessoa religiosa?

   _____
   _____
   _____
   _____
   _____
   _____
   _____
   _____

2. Por que é necessário confiar em Cristo pessoalmente?

   _____
   _____
   _____
   _____
   _____
   _____
   _____

3. Leia João 3:1-7. Jesus disse para Nicodemos: "Ninguém pode ver o Reino de Deus, se não _____ de novo". O que essa frase significa?

   _____
   _____
   _____
   _____
   _____

4. De acordo com Jesus em João 6:47, o que você que ganha crendo nele?

   _____
   _____
   _____
   _____
   _____

5. Antes de prosseguir, tire um tempo para ler João 1:12-13 em voz alta. Para essa passagem poderosa ser parte da sua vida, por que não tirar um tempo para memorizá-la?

   _____
   _____
   _____
   _____
   _____

CAPÍTULO 9

Os primeiros passos em uma nova direção

Confiar em Cristo como Senhor e Salvador é a decisão mais importante que você vai tomar. Seu destino eterno foi transformado por causa do que Cristo fez por você, mas esse não é o fim da história. De muitas maneiras, é apenas o começo.

Talvez você já tenha ouvido o termo "nascer de novo" e imaginou qual é a origem dele.

Originalmente, o termo veio da boca de Jesus (João 3:3). Ele descreve a nova vida que dá àqueles que vêm a Ele com a fé para a salvação. Assim como o parto marca o início do nascimento que leva ao desenvolvimento físico, nascer de novo espiritualmente produz em você uma vida totalmente nova que conduz ao crescimento espiritual. A salvação, no sentido bíblico, tem três partes. Primeiro, você é salvo da culpa do pecado do seu passado no momento em que confia no Senhor Jesus Cristo. Em segundo lugar, você está sendo salvo a todo momento do poder do pecado no presente à medida que depende do Senhor e obedece aos mandamentos dele. Terceiro, você será salvo da presença do pecado no futuro quando finalmente estiver diante do Senhor no céu. Naquele dia, o pecado e suas consequências corrosivas serão removidos de sua vida de uma vez por todas. Embora seja verdade que os crentes desfrutem agora da salvação, o melhor ainda está por vir. Podemos ver os três "tempos verbais" da salvação claramente em João 5:24: "Eu asseguro: Quem ouve a minha palavra e crê naquele que me enviou tem a vida eterna e não será condenado, mas já passou da morte para a vida". O cristão "passou da morte" (passado), "tem a vida eterna" (presente) e "não será condenado" (futuro).

Comecei este livro prometendo a você algumas boas-novas que podem mudar a sua vida. Parte da boa notícia é que, uma vez que confiamos em Cristo, nossos pecados são perdoados, Cristo entra em nossa vida, tornamo-nos parte da família de Deus e recebemos o dom da vida eterna. Você não precisa temer a morte, pois quando morrer, irá para o céu para estar com o Senhor Jesus para sempre. No final de uma conferência em Hudson, Flórida, um casal mais velho me levou ao aeroporto de Tampa para que eu pudesse pegar meu voo de volta para Chicago. Enquanto conversávamos, o pai contou uma história trágica sobre a morte de um de seus filhos quando ele tinha trinta e três anos de idade. Aconteceu quando o filho estava terminando o treinamento para ser missionário. O câncer o matou depois de apenas três meses. Antes de morrer, ele encorajou seus pais com estas palavras: "Não se preocupem comigo. Estou apenas sendo transferido para o quartel-general". Seus pais guardam essas palavras no coração desde sua morte.

De onde vem essa fé? Que esperança qualquer um de nós tem de ir para o céu? Com certeza é esta: pela fé estamos sendo unidos a Jesus Cristo. Quando morrermos, estaremos onde Cristo está e sabemos onde Ele está porque, quarenta dias após ressuscitar dos mortos, o Senhor Jesus Cristo ascendeu ao céu (Atos 1:9-11). No momento da morte, os filhos de Deus podem ter certeza de que o Cristo que ascendeu fisicamente ao céu os levará para estarem com Ele — e um dia ressuscitará seus corpos imortais e incorruptíveis. "Porque sabemos que aquele que ressuscitou o Senhor Jesus dentre os mortos, também nos ressuscitará com Jesus e nos apresentará com vocês" (2Coríntios 4:14). Essa garantia não é apenas para alguns poucos crentes selecionados a dedo, mas é destinada a todos aqueles que vêm para Cristo com a fé para a salvação genuína.

Outra parte das boas-novas é que Cristo entra em sua vida para mudá-la de dentro para fora. À medida que Ele fica à vontade em seu coração, você descobrirá novos desejos que nunca tivera antes e uma nova força para os seus novos desejos. 2Coríntios 5:17 diz: "Portanto, se alguém está em Cristo, é nova criação. As coisas antigas já passaram; eis que surgiram coisas novas!". A vida cristã começa no momento em que você confia em Cristo, mas não termina aí. Continua dia após dia enquanto aprende a caminhar com Deus, a crescer em fé e amor, a orar ao seu Pai celestial, a seguir Jesus aonde quer que Ele leve você e a compartilhar seu amor com quem encontrar pelo caminho. Se a vida cristã é um livro, vir para Cristo é apenas o capítulo 1.

Aqui estão algumas dicas práticas que irão ajudar você ao longo do caminho.

Garantia pessoal
- Não baseie sua salvação em como você se sente em um determinado momento. Mesmo os maiores cristãos têm momentos de dúvidas e incertezas. A dúvida pode até ser boa se levar você de volta a uma nova confiança em Deus e na Palavra dele.
- Não baseie sua salvação em uma experiência ou mesmo na sua própria fé. Lembre-se de que a própria fé é um dom de Deus (Efésios 2:8). Você não é salvo pela fé em Cristo, mas por Cristo que salva pela fé. Descanse sua esperança em quem é Jesus e no que Ele fez por você na morte e na ressurreição dele.

- Como a salvação é do Senhor, você não precisa basear seu relacionamento com Cristo em uma data ou hora em que teve uma determinada experiência. Você não se lembra do momento do seu nascimento, mas sabe que está vivo. Você pode não se lembrar do momento exato de seu nascimento espiritual na família de Deus, mas o Espírito Santo dará segurança enquanto você continuar a acreditar nas promessas de Deus e confiar somente em Cristo como seu Salvador. 1João 5:13 diz claramente que você pode saber que tem a vida eterna: "Escrevi estas coisas a vocês que creem no nome do Filho de Deus, para que saibam que têm a vida eterna".

Crescimento espiritual

- Assim como o crescimento físico acontece devagar ao longo do tempo, o mesmo acontece no âmbito espiritual. Se você teve dificuldade em alguma área antes de vir para Cristo, é bem provável que continue lutando nessa área por algum tempo. Ore pelos seus problemas. Encontre alguns outros cristãos para encorajá-lo ao longo do caminho. Seja honesto com o Senhor sobre as áreas de sua vida que não estão mudando tão rápido quanto gostaria. Use suas dificuldades como uma oportunidade para crescer.

- Jesus chama seus seguidores de discípulos, o que significa "alunos". Peça a Deus todas as manhãs para ajudar você a seguir Jesus o dia todo. Ele também chama você para "tomar a sua cruz" diariamente, o que significa deixar de lado suas prioridades para seguir a Cristo (Lucas 9:23-24).
- Você descobrirá as prioridades do Senhor para sua vida por meio da oração, do estudo bíblico, da meditação e memorização de versículos-chave das Escrituras, e por meio do aconselhamento de outros cristãos. Todas essas coisas fazem parte da direção do Espírito Santo, que agora habita em você (1Coríntios 6:19-20).

A Igreja

- Uma evidência da nova vida é que Deus faz você amar outros cristãos (Efésios 1:18). Você certamente crescerá bem mais rápido se estiver unido a uma igreja local que crê na Bíblia, onde o evangelho é pregado e os cristãos são desafiados a servir ao Senhor. Deus nunca pretendeu que seus filhos fossem solitários, vivendo em casulos, separados uns dos outros. "Pois todos somos membros de um mesmo corpo" (Efésios 4:25). Você precisa fazer parte de uma igreja local para a adoração em grupo, ser batizado, viver a experiência da ceia do Senhor, ter

comunhão com outros cristãos e ter oportunidade de aprender ouvindo o ensino e a pregação da Palavra de Deus. Você também precisa da disciplina espiritual de seguir líderes piedosos que podem ajudá-lo a descobrir e usar seus dons espirituais.
- O coração de Deus aceita o mundo inteiro. Fazer parte de uma igreja local conecta você à igreja cristã mundial. Por meio de sua igreja, você apoiará missionários em outros países e terá a oportunidade de se unir aos cristãos de outras igrejas em projetos maiores para o reino de Deus. O mundo percebe quando os cristãos realmente amam uns aos outros. Jesus disse: "Com isso todos saberão que vocês são meus discípulos, se vocês se amarem uns aos outros" (João 13:35).

Disciplinas espirituais
- Deus dá aos seus filhos amor pela sua Palavra. Se você não tem uma Bíblia, compre uma e comece a lê-la todos os dias. Comece com um dos Evangelhos (o livro de Marcos, por exemplo) e leia o desenrolar da história da vida de Cristo. Em seguida, crie o hábito de ler pelo menos um salmo por dia e um capítulo do livro de Provérbios.
- A maioria dos novos crentes descobre que ganha muito mais ao frequentar um pequeno grupo de

irmãos. "Por isso, exortem-se e edifiquem-se uns aos outros, como de fato vocês estão fazendo" (1Tessalonicenses 5:11). Aqui você faz novas amizades, encontra um lugar para tirar suas dúvidas e compartilha histórias de como Deus está ajudando cada um de vocês no dia a dia. A maioria das igrejas locais faz alguma provisão para esse tipo de ministério, seja por meio da Escola Bíblica Dominical ou por meio de grupos que se reúnem nas casas durante a semana.

- Hoje há uma riqueza de recursos disponíveis para ajudar você a crescer. Eles incluem várias traduções da Bíblia, estudar bíblias com notas, livros que ajudam você a entender a Bíblia e a vida cristã, e inúmeras músicas cristãs. Além disso, existem aplicativos e sites da internet repletos de informações úteis. Você pode pedir algumas sugestões ao seu pastor ou capelão. Se não sabe por onde começar, visite uma livraria cristã perto da sua casa e peça a um dos funcionários para ajudar a encontrar alguns desses recursos. Sua igreja pode ter uma biblioteca; ela também será uma fonte útil de livros e áudios sobre crescimento cristão e teologia cristã.

- Certifique-se de dar a Deus os primeiros minutos de cada dia. "De manhã ouves, Senhor, o meu clamor; de manhã te apresento a minha oração e aguardo com esperança" (Salmos 5:3). Tenha um tempo para concentrar seu coração e seus pensamentos no Senhor. Você pode fazer isso por meio da oração, da leitura da Bíblia, ouvindo boa música cristã e também por meio da leitura de bons materiais devocionais que conduzam ao Senhor e à Palavra dele. Os primeiros minutos do dia são vitais porque definem o rumo do resto do dia. Sugiro que você mantenha um diário espiritual no qual anote as principais ideias das Escrituras e registre as lições espirituais que o Senhor ensina através das circunstâncias da vida.

- À medida que você cresce em Cristo, encontrará um novo desejo de compartilhar seus recursos materiais com os outros. Torne-se um doador alegre. E como se faz isso? Dando o que você tem a Deus. Isso certamente envolve dar uma parte do seu dinheiro ao Senhor por meio de sua igreja. Você também encontrará muitas oportunidades para doar aos menos afortunados. Deus ama quem dá com alegria, mas você nunca pode vivenciar isso até que dê com alegria de coração.

Tentação e pecado

- Em pouco tempo, você certamente enfrentará a tentação de pecar. Provavelmente ocorrerá em um momento em que você não espera. Lembre-se de que a

- tentação em si não é um pecado; é como você reage a ela que faz a diferença. Sempre que Deus permite que você seja tentado, Ele também providencia um escape (1Coríntios 10:13). Ore por sabedoria para ver o escape e, em seguida, peça a Deus coragem para seguir esse caminho quando você o vir.
- Conforme você cresce em sua nova vida, o Espírito Santo lhe dará o desejo de obedecer a Deus e um ódio crescente pelo pecado. Quando pecamos, temos apenas duas escolhas. Você pode esconder seu pecado e fingir que ele não aconteceu, mas se fizer isso, sua vida certamente ficará pior, e não melhor. Ou você pode confessar seu pecado — admitir o que fez e pedir a Deus que o perdoe. Deus abençoa quem confessa seus pecados e pede perdão. "Se confessarmos os nossos pecados, ele é fiel e justo para perdoar os nossos pecados e nos purificar de toda injustiça" (1João 1:9). Ele dará o desejo e o poder de dizer não ao pecado ao confiar nele.

Seu testemunho pessoal

- É natural que você compartilhe sua fé com os outros. Seja ousado em sua fé (Atos 4:31). Não deixe a oposição silenciar sua voz. Fale bem alto o que você sabe que é certo. Algum dia você pode ter que falar contra o mal. Fale a verdade com amor e depois

confie em Deus para obter os resultados. Sua coragem trará muita alegria e encorajará outros cristãos a também serem ousados.
- Ore por oportunidades de compartilhar as boas-novas — o evangelho — com o próximo. Peça a Deus para torná-lo sensível àqueles que você encontra todos os dias. Existem muitas maneiras de falar de Cristo com outra pessoa. Aqui está uma simples pergunta que abre muitas portas: "Como posso orar por você?". Você pode querer comprar uma cópia extra deste livro e tê-la em mãos para presentear um amigo. Peça ao seu amigo para ler e dizer o que ele pensa sobre o assunto.
- Vir para Cristo muda a maneira como você vê o mundo. Aqueles que seguem Jesus são chamados para serem seus embaixadores no mundo — fazendo justiça, amando a misericórdia e ajudando os necessitados. Peça a Deus todos os dias para ajudar você a fazer a diferença no mundo. Os pequenos gestos feitos em nome de Jesus podem ter um grande impacto nos outros.

Suas atitudes
- Fazer perguntas é uma ótima maneira de crescer espiritualmente. Ao estudar a Bíblia e ouvir os sermões e estudos bíblicos, anote suas perguntas.

Veja se consegue encontrar as respostas por conta própria, por meio de seu estudo pessoal. Caso contrário, peça a um amigo ou a um líder cristão de confiança para ajudá-lo a encontrar as respostas. Nunca tenha vergonha de admitir que você não sabe tudo. Esse é sempre o primeiro passo no crescimento pessoal.

- Não se surpreenda quando surgirem tempos difíceis. Jesus prometeu que neste mundo seus seguidores encontrariam muitas dificuldades (João 16:33). Deus permite que tempos difíceis venham para desenvolver nossa fé, purificar nossas motivações, reorientar nosso foco para longe das coisas do mundo e nos capacitar a crescer espiritualmente. "Meus irmãos, considerem motivo de grande alegria o fato de passarem por diversas provações, pois vocês sabem que a prova da sua fé produz perseverança" (Tiago 1:2-3). Quando esses tempos difíceis vierem, ore pedindo perseverança para que sua fé não esmoreça.

- A gratidão é outro sinal de que você é um filho de Deus. Tudo o que você tem, incluindo a própria vida, vem de Deus. Tire um tempo diariamente para dizer "obrigado" a Deus por todas as suas bênçãos. "Deem graças em todas as circunstâncias, pois esta é a vontade de Deus para vocês em Cristo Jesus" (1Tessalonicenses 5:18). Isso evitará que você se torne rabugento e amargo quando as coisas não saírem do seu jeito.

O plano de Deus para você

- Procure por uma chance de servir ao Senhor de maneira prática. Você descobrirá que Deus deu para você dons que capacitarão servir o corpo de Cristo, sua igreja. Ao servir, você encontrará grande realização e alegria completa no Senhor. Não se limite ao que acha que gostaria de fazer. Peça a Deus para usar você da maneira que Ele julgar melhor.
- Lembre-se de que vir a Cristo não é como começar um novo passatempo. É o começo de uma nova vida na qual conhecemos o Deus que nos criou. Embora você não perceba agora, Deus iniciou um projeto por toda a vida para tornar você semelhante ao seu Filho, o Senhor Jesus Cristo (Romanos 8:29). Você ainda não é um produto acabado, e esse é um dos motivos pelos quais a vida cristã nem sempre será fácil.

Tornar-se cristão significa fazer uma jornada que começa na terra e termina no céu. Se você chegou até aqui neste livro, creio que está no caminho certo em sua jornada com o Senhor. Continue seguindo em frente, mantenha os olhos no prêmio e você não ficará desapontado. "Cresçam, porém, na graça e no conhecimento de nosso Senhor e Salvador Jesus

Cristo" (2Pedro 3:18a). Na vida espiritual, a direção faz toda a diferença. Deus está mais interessado na direção do que na perfeição. Agora que você entregou sua vida para Cristo, haverá muitas surpresas, algumas respostas maravilhosas à sua oração e, sem dúvida, algumas grandes batalhas a serem travadas. Você pode se encontrar tendo altos e baixos em sua vida cristã. Se isso acontecer, não se desespere. Apenas continue avançando com Cristo. A obediência diária é a chave. O Espírito Santo ajudará você a obedecer ao Senhor.

Em certos dias você pode sentir como se não estivesse tendo nenhum progresso. Não deixe suas emoções dominarem sua vida. Confie em Deus e continue caminhando na direção certa.

Assim chegamos ao final deste livro. Se você ainda não confiou em Cristo como Salvador e Senhor, encorajo-o a voltar e ler o capítulo 8 ("Vindo a Cristo") novamente. O dom de Deus é a vida eterna por meio de Jesus Cristo, nosso Senhor. O presente é seu. Essa é a boa notícia que pode mudar sua vida.

Se Deus nos der o entendimento de quem é Jesus e o que Ele fez por nós, nossa única resposta pode ser ir até Ele com amor e confiança, pedindo-lhe que nos salve. Que Deus lhe conceda fé para crer em Jesus Cristo. Se você tiver dúvidas, venha e veja por si mesmo. O caminho para o céu foi aberto pelo Filho de Deus. Venha como você está, sem reservas, sem desculpas. Venha a Cristo e, ao fazer isso, Ele virá até você.

LEMBRE-SE DESTA
VERDADE

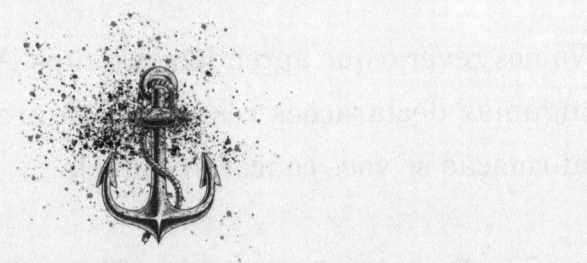

Vir a Cristo pela fé é uma jornada por toda a vida, que começa na terra e termina no céu.

Uma breve revisão

Vamos rever o que aprendemos juntos. Abaixo estão listadas algumas declarações resumidas. Marque ao lado de cada afirmação se você concorda com ela.

- [ ] Deus é infinito, eterno, santo, justo, onisciente, onipotente. Ele me criou à sua imagem.
- [ ] Deus me ama e quer ter um relacionamento comigo.
- [ ] Fui feito para conhecer Deus pessoalmente.
- [ ] Eu sou um pecador. Meus pecados me separam de Deus.
- [ ] Sou verdadeiramente culpado e incapaz de me salvar.
- [ ] Jamais serei bom o suficiente para me salvar.
- [ ] Deus enviou seu Filho, Jesus Cristo, para ser meu Salvador.
- [ ] Jesus morreu na cruz pelos meus pecados.
- [ ] Jesus ressuscitou dos mortos no terceiro dia.
- [ ] Não sou salvo pelo que faço, mas pelo que Cristo fez por mim.
- [ ] Quando eu confio em Cristo, Ele tira o meu pecado e eu recebo o dom da sua justiça.
- [ ] A salvação é um dom gratuito oferecido a qualquer um que confia em Cristo como Salvador.

OS PRIMEIROS PASSOS EM UMA NOVA DIREÇÃO 181

☐ Estou confiando em Jesus Cristo como meu Senhor e meu Salvador.

Volte e leia a oração nas páginas 158 e 159. Se você está realmente confiando em Cristo, coloque as iniciais do seu nome e a data de hoje ao lado dessa oração.

Aprofundando-se

1. Quais são os próximos passos que você precisa dar em sua jornada espiritual?

   _____
   _____
   _____
   _____
   _____
   _____
   _____

2. Se você acabou de confiar em Cristo como Salvador, quem mais precisa saber sobre sua decisão?

   _____
   _____
   _____
   _____
   _____
   _____
   _____

Um plano de sete dias para o crescimento espiritual

Dia 1

Leia João 3. Circule todas as vezes que as palavras "crer" ou "creram" aparecerem no texto.

Dia 2

Conte a um amigo sobre sua decisão de confiar em Cristo como Salvador.

Dia 3

Tire algum tempo hoje orando por orientação espiritual.

Dia 4

Memorize Filipenses 4:13. Compartilhe esse versículo com um amigo.

Dia 5

Peça a Deus para levá-lo até alguém que precisa de uma palavra de encorajamento.

Dia 6

Medite no salmo 1. Escreva palavra por palavra e depois diga em voz alta.

Dia 7

Encontre uma igreja onde a Bíblia é ensinada. Participe dos cultos aos domingos.

Sobre o autor

Ray Pritchard atua como presidente do Keep Believing Ministries, uma comunidade *on-line* que ajuda cristãos em 220 países. Ele serviu como pastor por 26 anos, mais recentemente na Calvary Memorial Church em Oak Park, Illinois. O Dr. Pritchard é autor de vinte e sete livros, incluindo *Stealth Attack* [Ataque furtivo], *The Incredible Journey of Faith* [A incrível jornada de fé], *The Healing Power of Forgiveness* [O poder restaurador do perdão] e *Names of the Holy Spirit* [Nomes do Espírito Santo]. Ray e Marlene estão casados há quase 50 anos. Eles têm três filhos, duas noras e um neto. Todos os seus filhos e noras passaram algum tempo nos últimos anos ensinando inglês na China. Três dos livros do Dr. Pritchard foram traduzidos para o chinês. Ele gosta de navegar na Internet, de andar de bicicleta e de tudo relacionado à Guerra Civil.

Se desejar entrar em contato com o autor:

Ray Pritchard
Keep Believing Ministries
P. O. Box 257 Elmhurst, IL 60126
E-mail: Ray@KeepBelieving.com
Homepage: www.KeepBelieving.com

Como a leitura deste livro transformou minha vida espiritual

Sua opinião é importante para nós.
Por gentileza, envie-nos seus comentários pelo e-mail:

editorial@hagnos.com.br

Visite nosso site:

www.hagnos.com.br